澳大利亚小学科学课程标准导论

和继军　张端　编著

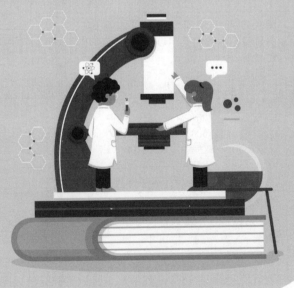

中国水利水电出版社
www.waterpub.com.cn
·北京·

内 容 提 要

本书依据当前科学教育发展的国际新形势、小学科学课程所承载的主要任务及发展趋势，系统分析了澳大利亚小学科学课程标准的特点、理念、学科领域、培养目标、评价方法等，以期为中国及其他国家的小学科学课程开设、内容设置及实现途径提供借鉴。

全书共10章，其中第1章概述了中小学课程的综合特点，第2章讨论了科学是如何开展的，第3章介绍了小学科学课程的基本框架，第4章至第10章详细阐述了学前班至6年级的小学科学课程重点、课程内容及学业评价标准。

本书可作为小学教育及相关专业的通用教材，亦可作为一线小学科学教师日常学习和教学实践参考用书。

图书在版编目（ＣＩＰ）数据

澳大利亚小学科学课程标准导论 / 和继军，张端编
著. -- 北京：中国水利水电出版社，2020.7
ISBN 978-7-5170-8732-8

Ⅰ. ①澳… Ⅱ. ①和… ②张… Ⅲ. ①小学－科学知识－课程标准－研究－澳大利亚 Ⅳ. ①G623.62

中国版本图书馆CIP数据核字(2020)第138733号

书　名	澳大利亚小学科学课程标准导论 AODALIYA XIAOXUE KEXUE KECHENG BIAOZHUN DAOLUN
作　者	和继军　张端　编著
出版发行	中国水利水电出版社 （北京市海淀区玉渊潭南路1号D座　100038） 网址：www.waterpub.com.cn E - mail：sales@waterpub.com.cn 电话：(010) 68367658（营销中心）
经　售	北京科水图书销售中心（零售） 电话：(010) 88383994、63202643、68545874 全国各地新华书店和相关出版物销售网点
排　版	中国水利水电出版社微机排版中心
印　刷	天津嘉恒印务有限公司
规　格	170mm×240mm　16开本　15.5印张　179千字
版　次	2020年7月第1版　2020年7月第1次印刷
印　数	001—500册
定　价	**68.00元**

凡购买我社图书，如有缺页、倒页、脱页的，本社营销中心负责调换

国家课程标准是国家对基础教育课程的基本规范和要求的具体体现，以学科课程标准为主要形式。课程的复杂性与多样性决定了课程标准是一个庞大的体系。而学科课程标准是整个课程标准体系的核心标准，在很多情况下，人们所说的课程标准，实际上指的就是学科课程标准。小学科学课程标准是小学阶段科学教材编写、教学、评估和考试命题的依据，是国家对小学科学教育进行管理和课程评价的基础，它规定了小学阶段科学课程的性质、目标、内容、设置，并提出了科学教学和评估建议等，体现了国家对小学阶段学生基本科学素质的要求。

澳大利亚是一个典型的移民国家，为适应澳大利亚政治、经济、文化的发展，其基础教育不断进行变革，特别是在科学课程改革中借鉴欧美一些国家的办学思想和经验，同时澳大利亚紧邻亚洲，其科学课程改革中也吸取了一些亚洲国家的经验，在此基础上逐渐形成了自己的特色。

从内容来看，澳大利亚的科学课程标准主要包括科学知识、人类科学史和科学探究能力三大领域，其中，科学知识领域主要包括生物科学、化学科学、地球与空间科学和物理科学，其与我国和美国的科学课程标准的领域划分有所区别，我国和美国的科学课程标准是把化学科学和物理科学统称为物质科学，同时在我国和美国的课表中还包括工程与技术领域。澳大利亚的科学课程标准紧紧围绕课程内容把课程目标细分为三个维度：科学探究技能、人类科学史、科学理解，围绕三个相互联系的维度进行分述，并总结出七大课程目标，其中最大的特点是突出了人类科学史维度的重要性，是一项比较新的发展，该维度除包含情感态度价值观外，还包含了科学史观、科学伦理观等方面的要求，充分体现了科学史、科学社会学和科学哲学间的融合关系。

澳大利亚科学课程标准特别强调学生综合能力的培养和跨课程的学习，在综合能力方面鲜明提出了培养学生的批判和创新性思维能力、信息交流和技术能力、数学能力和跨文化理解能力。在跨课程方面提出了土著和托雷斯海峡岛民的历史和文化、亚洲及澳大利亚的关系和可持续发展三大跨课程主题。这些方面在目前全球化趋势和程度不断加强、科技创新日益成为一个国家综合国力竞争的决定性因素的新国际形势下，对我国家科学课程的改革是有一定借鉴意义的。

澳大利亚学科课程标准还十分重视对学生学习中任务目标绩效标准的制定，每一年级都附有年级水平描述和成就标准。年级水平描述主要有三个功能：首先，强调科学探究技能、人类科学史和科学理解相互联系的本质，在进行科学教学计划设计时需整合三个维度的内容；其次，强调适合该年级阶段的统领概念。最后，对每一年级的内容进行概述。成就标准则指出学生经过学校教育后在某个特定的方面所应达到的学习成果，并附有成就描述和学生表现样本，学生表现样本包括非常满意、满意和不满意三个水平样本，可为教师评价学生表现与成就水平提供参考。

由于本书涉及内容较为广泛，加之作者水平有限，书中难免有疏漏和不足之处，真诚希望广大师生给予指正。

作者

2020 年 5 月

CONTENTS 目录

第1章
绪　论

1.1　学　科　领　域

澳大利亚中小学课程（the Australian Curriculum）旨在帮助所有澳大利亚年轻人成为成功的学习者、自信和富有创造力的个体、积极并见多识广的公民。该课程贯穿了整个学前班（Foundation）到高一（Year 10）的学习成长过程，向老师、家长、学生和社区中更广泛的受众展现了年轻人应该在学校学什么，以及年轻人在学校教育下的成长和他们所期望的学习质量。

澳大利亚中小学课程这种从学前班到高一的三维设计是对学科知识、技能、理解以及综合能力和跨课程优先的重要性的承认。

澳大利亚中小学课程涵盖了八个学科领域的学科知识、技能及理解，这八个学科领域分别是：英语、数学、自然科学、健康和体育教育、人文和社会科学、艺术、技术、语言。后四个学科领域涵盖多个科目，反映了具体学科的习惯和实践。在每个学科领域或科目中，内容描述规定了年轻人将学习的内容，成绩标准则阐述了知识的难度和理解程度，以及学生在每一学年结束时应该掌握的技能。

澳大利亚的科学课程包括两大部分，一是学前班到高一的科学课程；二是生物、化学、地球和环境科学、物理四门高中阶段的课程。

自然科学让学生们得以了解重要的科学概念和过程、用于发展科学知识的实践、科学对文化和社会的贡献以及科学在生活中的应用。提供了对科学探究方法的理解，这是贯穿自然科学的学科知识基础，并培养了学生交流科学理解、使用证据解决问题和做出循证决策的能力。该课程支持学生发展自身科学知识、理解和技能，以便就地方、国家和全球问题做出明智的决定，并在有意愿的情况下从事与自然科学相关的职业。

1.2 综 合 能 力

澳大利亚中小学课程十分重视学生综合能力的培养，以使21世纪的澳大利亚年轻人具备在生活和工作中取得成功的条件。

澳大利亚中小学课程中的综合能力包括知识、技能、行为和性格。当学生在复杂多变的环境中、在学校学习和校外生活中自信、有效并恰当地运用到知识和技能时，就能锻炼到该能力。

在澳大利亚中小学课程中，综合能力通过学习学科领域的内容习得。综合能力被定义为能够在内容描述中得到发展与应用的能力。它还被定义为通过内容阐述为学生学习提供增加深度和丰富性的机会，这些内容阐述旨在给教师教学提供点子。图标用于指示在学科领域的内容描述和阐述中已经确认的综合能力。

人们期望教师在他们被纳入到学科领域内容的程度上教授和评估综合能力。州（state）和领地（territory）教育当局将决定是否需要以及如何进一步评估或报告学生综合能力的习得。

如图 1-1 所示，澳大利亚中小学课程包括七项综合能力。

图 1-1 澳大利亚中小学七项综合能力

在澳大利亚中小学课程的学科领域中，综合能力使用图标表示，学生会在内容描述中发展或应用到这些能力。澳大利亚中小学课程文件中的综合能力解释了学生在每个学科领域应怎样习得所有综合能力。

1.3 跨课程优先

澳大利亚中小学课程以《墨尔本宣言》（the Melbourne Declaration）的教育目标为基础，旨在通过提供相关的、当代的、引人入胜的课程来满足学生的需求。为了澳大利亚每个个体和整个社会的福祉，《墨尔本宣言》确定了亟待解决的三个领域。在澳大利亚中小学课程中，这些已成为优先事项，为学生提供工具和语言，让他们在不同层面上接触并更好地理解自身所处的世界。这些优先事项涉及国家、区域和全球层面，将通过发展适合学科领域中经慎重考虑和重点突出的内容来丰富课程。它们能够在提供学科领域内容的同时，让学生在土著和托雷斯海峡岛民的历史和文化以及亚洲和澳大利亚在可持续性发展方面的知识、理解和技能得到发展。纳入这些优先事项将鼓励学生、教师和社区间的对话。

跨课程优先不独立于学科领域之外，因此，它仅通过学科领域体现，并不单独构成课程。恰恰相反，无论优先事项在哪个领域内发展，还是在内容描述中被应用，都需要被确认。它们还被认为是提供给学生在内容阐述方面的学习增加深度和丰富性的机会。根据它们与学科领域的相关性，跨课程优先将会发挥强有力但与众不同的作用。

每一个优先事项都有一个介绍性说明来概述其被纳入的原因及其在课程中的地位。这些优先事项都是围绕三个关键概念制定的，这三个概念被视为学习优先事项的基础。每个概念都通过两个或两个以上

组织理念得到进一步发展，这些理念为优先领域和学科领域的内容知识、理解和技能的关联和发展提供了一个框架。组织理念被适当地嵌入到每个学科领域的内容描述和阐述中。总的来讲，这一套组织理念提供了一个连贯的框架，反映了优先事项的基本学习和技能。

组织理念会根据内容与其相关性而被嵌入到一个学科领域中。一个组织理念可以借鉴不止一个学科领域的内容。类似地，单个学科领域的内容描述或阐述可以涵盖一个或多个组织理念，跨越一个或多个优先事项。

学科领域的内容同时借鉴跨课程优先思想和综合能力培养，可为学生提供非常丰富的学习体验。

在澳大利亚中小学课程的学科领域中，跨课程的优先级用图标表示，并在内容描述中得到发展或应用。它还被定义为一种通过内容阐述为学生学习提供增加深度和丰富性的机会，这些内容阐述旨在给教师教学提供思路。同时，每个跨课程优先级项下均给出了跨课程优先在学科领域中位置的建议。

本书中主要介绍澳大利亚小学阶段科学课程标准的特点、内容及总体要求。

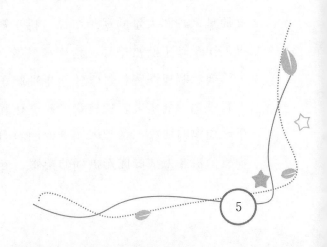

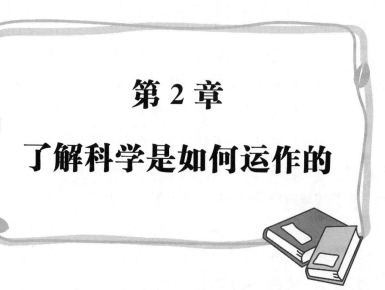

第2章
了解科学是如何运作的

2.1 基 本 原 理

科学为回答有关生物、物理和技术世界的有趣而重要的问题提供了一种经验性的方法。事实证明，科学知识是我们在个人、社会和经济生活中采取行动的可靠基础。科学是动态的、协作的和创造性的人类努力的尝试，它起源于我们对理解世界的渴望，以此探索未知、调查宇宙奥秘，做出猜想和解决问题的方法。科学的目的是用更少的广义原理来理解大量的观测结果。科学知识是有争议的，并且随着新证据的出现，不断被修订、精炼和扩展。

澳大利亚课程：科学让学生理解重要的科学概念和过程，理解学习科学知识的实践，理解科学对文化和社会的贡献，以及科学在生活中的应用。该课程支持学生学习和理解科学知识和技能，以便就当地、国家和全球问题做出知情决策，并在他们意愿之下参与与科学有

关的职业。

除了实际应用之外，学习科学本身也是一项有价值的追求。学生可以体验科学发现的乐趣，培养他们对周围世界的自然好奇心。在这样做的过程中，学生培养了批判性和创造性的思维，并挑战自己用科学的方法来识别问题和得出基于证据的结论。这种关于"科学素养"的更广泛的益处已经得到了很好的证实，包括给予学生调查自然世界的能力，以及通过人类活动对自然世界做出的改变。

以科学的方式去思考和行动的能力有助于培养学生成为自信的、能进行自我激励并活跃的社会成员。

2.2　目　　标

澳大利亚课程：科学旨在确保学生的发展。

（1）对科学的兴趣是一种激发他们的好奇心和探索意愿的方法，让他们对生活的这个不断变化的世界提出问题和猜想。

（2）理解科学所提供的关于生物本质、地球及其在宇宙中的位置的观点，以及解释物质事物行为的物理和化学变化。

（3）理解科学探究的本质，能够运用科学探究方法，提出问题、制定计划并实施实验研究，收集和分析数据，评估结果，得出重要的、基于证据的结论。

（4）有能力将科学的理解和发现传达给不同的受众群体，以证据证明观点，对科学论点和主张进行评估和辩论。

（5）有能力解决问题，并对当前和未来的科学应用做出明智的、基于证据的决策，同时考虑决策的伦理和社会影响。

（6）了解历史和文化对科学的贡献以及当代科学问题和活动，了解与科学相关的职业的多样性。

（7）具有扎实的生物、化学、物理、地球和空间科学知识基础，包括能够选择和整合解释和预测现象所需的科学知识和方法，将这种理解应用于新的情景，并欣赏科学知识的动态性质。

2.3 关 键 理 念

在《澳大利亚课程：科学》中，有六个关键理念代表了科学世界观

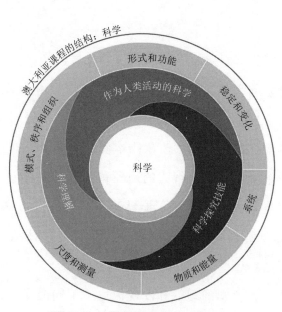

图 2-1　科学课程的主要理念

的关键方面，并在科学学科之间架起了知识和理解的桥梁，如图 2-1 所示。这些都嵌入在每个年级的描述中，并指导相关年级的教学/学习重点。

这些关键理念旨在支持科学知识在年内和跨年度的一致性和发展顺序。其核心理念包括科学理解链中概念的发展，支持科学探究技能链的关键方面，并有助于培养学生对科学本质的欣赏。

澳大利亚课程框架的六个关键理念如下。

2.3.1 模式、秩序和组织

科学的一个重要方面是识别周围世界的模式，并在不同的范围内对现象进行排序和组织。随着学生从学前班到 6 年级的学习，他们将学习技能，提升对知识的理解能力，这将帮助他们观察和描述不同规模的模式，并通过分类来组织事件和现象，做出预测。将对象和事件分类为组（例如：固体、液体、气体或生物、非生物），并通过观察和确定相同和不同的模式，来为这些组制定标准。

随着学生在小学阶段的进步，他们会更加熟练地识别和描述支撑模式的关系，包括因果关系。学生们越来越认识到规模在观察模式中起着重要作用；有些模式可能只在特定的时间和空间范围是明显的。例如，白天和黑夜的模式在 1 小时的时间范围内并不明显。

2.3.2 形式和功能

科学的许多方面都与形式（物体或有机体某一方面的性质或组成）与功能（物体或有机体的使用）之间的关系有关。

随着学生从学前班到 6 年级的学习，他们发现生物和非生物的功能都依赖于它们的形态。学生对形式的理解，如生物的特征或一系列材料的性质，以及它们的相关功能或用途，最初是基于可观察到的行为和物理特性。在后来的几年里，学生认识到，功能往往依赖于形式，这种关系可以在许多方面进行检验。学生运用对微观和原子结构、力的相互作用以及能量和物质的流动的理解来描述形式和功能之间的关系。

2.3.3 稳定和变化

许多科学领域都涉及稳定和变化的识别、描述和预测。在小学初期，学生就认识到，在他们对周围世界的观察中，有些性质和现象似乎会随着时间保持稳定状态或不变，而另一些则会发生变化。

从学前班到 6 年级，学生还认识到现象（如物体的属性和生物之间的关系）在一个空间或时间范围内看起来是稳定的，但在一个更大或更小的范围中，可能会看到变化。学生开始认识到，稳定可以是竞争的结果，而不是平衡的力量。学生越来越善于通过测量来量化变化，并通过用图表表示和分析数据来寻找变化的模式。

2.3.4 尺度和测量

时间和空间尺度的量化对于科学理解是至关重要的，因为它能够比较观测结果。学生经常发现很难处理他们日常经验之外的空间的理解——包括空间的遥远距离、原子小得令人难以置信的尺寸以及地质在时间上发生的缓慢过程。

随着学生从学前班到 6 年级的进步，他们对相对大小和变化率的理解不断加深，他们能够在更大范围内概念化事件和现象。学生从使用与日常经验相关的量表、使用相关语言（如"更大"或"更快"）和非正式的测量来比较事件和现象，到使用超出人类经验的量表、使用正式测量单位对变化的大小、速度和比较进行量化，从而取得进步。

2.3.5 物质和能量

科学的许多方面都包括识别、描述和测量能量及物质的转移。随着学生从学前班到 10 年级的学习，他们逐渐能够用物质和能量的流动来解释现象。

最初，学生注重对现象和材料的直接体验和观察。学生学习了物体和生物变化的方式，并开始认识到能量和物质在这些变化中的作用。在后来的几年里，学生要学习更抽象的概念——粒子，力和能量转移和转换。学生用这些理解来描述和模拟涉及物质和能量的现象和过程。

2.3.6 系统

科学经常涉及从系统的角度思考、建模和分析，以便理解、解释和预测事件和现象。随着学生从学前班到 10 年级的学习，他们要探索、描述和分析越来越复杂的系统。

最初，学生识别一个能清晰分辨"整体"的可观察部分，如动植物的特征和混合物的部分。经过 3～6 年的学习，学生学会了识别和描述简单系统中的组件之间的关系，并且开始认识到生命系统和非生命系统中的组件是相互依赖的。在 7～10 年的时间里，学生要学习构成系统的过程和基本现象，如生态系统、身体系统和碳循环。学生认识到，在系统内部，各组成部分之间的相互作用可能涉及力和作用于相反方向的变化，而要使系统处于稳定状态，这些因素必须处于平衡或平衡状态。学生越来越能意识到，系统可以作为更大系统中的组成部分而存在，并且意识到对系统的思考的一个重要部分是确定边界、输入和输出。

2.4 结   构

2.4.1 三个相互关联的科学分支

澳大利亚课程：科学有三个相互关联的部分——科学理解、科学是人类的事业和科学探究能力。

科学课程的三部分为学生提供了理解、知识和技能，通过这些知识和技能，他们可以形成科学的世界观。要求学生通过描述清晰的探究过程来探索科学、科学概念、科学本质和科学用途。

2.4.1.1 科学的理解

当一个人选择并整合适当的科学知识来解释和预测现象，并将这些知识应用于新情况时，科学理解是显而易见的。科学知识是指科学工作者长期以来所建立的事实、概念、原理、规律、理论和模型。这条理解链提供了内容，通过这些内容，科学与技术的关键理念在适合学习者的环境中得到发展。

科学理解链由四个分支组成，内容是按年级描述的。

（1）生物科学。

生物科学的分支与理解生物有关。在这一分支中发展起来的关键概念是：地球上已经进化了数亿年的各种各样的生物；生物与环境是相互依存、相互作用的；生物的形态和特征与它们身体系统的功能有关。

通过这个子链，学生们研究生物，包括动物、植物和微生物，以及它们在生态系统中的相互依赖和相互作用。学生探索生命周期、身体系统、结构适应和行为方式，这些特征如何帮助生物生存，以及这些特征如何代代相传。学生要学习细胞作为生命的基本单位和过程的核心功能。

（2）化学科学。

化学科学的分支与理解物质的组成和行为有关。在这个分支中发展的关键概念是：物质的化学和物理性质是由它们在原子范围内的结构决定的；物质的变化和新物质的产生是通过原子间的相互作用和能量转移来重新排列原子。

在这个分支中，学生根据物质的性质（如固体、液体和气体）或组成（如元素、化合物和混合物）对物质进行分类。学生探索物理变化，如状态变化和溶解，并研究化学反应如何产生新物质。学生认识到所有的物质都是由原子组成的，原子可以结合形成分子，而化学反应包括原子的重新排列和重新组合形成新的物质。学生探索原子排列方式与物质性质之间的关系，以及能量转移对这些排列的影响。

（3）地球与空间科学。

地球与空间科学的分支与地球的动态结构及其在宇宙中的位置有关。在这个分支中发展的关键概念是：地球是太阳系的一部分，太阳系是更大的宇宙的一部分；由于自然过程和人类对资源的利用，地球表面和内部在一定的时间内会发生变化。

通过这个分支，学生把地球看作是太阳系的一部分，是银河系的一部分，是宇宙中众多星系之一，并探索与太空相关的巨大范围。学生探索地球上的变化，如昼夜和季节如何与地球的自转和围绕太阳的轨道公转相联系。学生研究导致地球表面变化的过程，认识到地球已经进化了 45 亿年，其中一些过程的影响只有在长期观察时才会明显。学生探索人类利用地球资源的方式，以及人类活动对地球表面及其大气的影响。

（4）物理科学。

物理科学的分支关注于理解力和运动的本质，以及物质和能量。在这个分支中发展的两个关键概念是：力是改变物体运动状态的原因，能量可以从一种形式转移到另一种形式。

通过这个分支，学生可以了解物体的运动（方向、速度和加速度）如何受到一系列接触力和非接触力的影响，如摩擦力、磁力、重力和静电力。学生发展了对能量概念的理解，以及能量转移如何与包括运动、热、声音、光和电在内的现象相关联。学生认识到，力、运动、物质和能量的概念适用于从原子到宇宙规等系统。

2.4.1.2　科学是人类的事业

通过科学，人类渴望提高他们对自然世界的理解和解释。科学涉及基于证据的诠释的构建，而科学知识可以随着新证据的出现而改变。科学通过提出和回应社会和伦理问题来影响社会，科学研究本身也受到社会需要和重要事情的影响。

这一分支突出了科学作为一种独特的认识和行动方式的发展，以及科学在当代决策和解决问题中的重要性。它承认，在决定科学实践和应用时，必须考虑伦理和社会影响。这条分支还认识到，科学的进步是通过许多来自不同文化的不同的人的贡献实现的，而且有许多对于科学的职业道路是有益的。这一分支为学生和更广泛的团体提供了背景和相关性。

科学的内容作为人类事业的一个分支，是分为两年的波段。作为人类努力的科学有两个分支：

（1）科学的本质和发展：该分支发展了对科学和科学知识的独特本质的认识，包括当前的知识是如何通过许多人的行动随着时间的推移而发展的。

（2）科学的运用和影响：该分支探讨科学知识和应用如何影响人们的生活，包括他们的工作，以及科学如何受到社会的影响，并可用于决策和行动。

2.4.1.3 科学探究能力

科学探究包括识别和提出问题；策划、进行及反思调查工作；处理、分析和解释证据以及交流结果。这部分内容涉及评估声明、调查想法、解决问题、得出有效结论和发展基于证据的论点。学生发展的技能为他们提供了必要的工具，使他们能够更深入地理解科学概念，以及科学思维如何应用于这些理解。

科学调查是对一个问题或问题的想法、预测或假设进行测试并得出结论的活动。调查可以涉及一系列活动，包括实验测试、实地工作、定位和使用信息源、进行调查以及建立模型并模拟。所采取方法的选择取决于环境（科学是人类的事业）和调查的主题（科学理解）。

在科学调查中，收集并分析原始数据和证据起着重要作用。这包括以表、图、散文、键、电子表格和数据库的形式收集或提取信息和重组数据。学生还将通过收集和分析二手数据和信息来加深他们的理解。

科学探究能力分支的内容以两年为一个周期进行描述。科学探究技能有五个分支：

（1）提出问题和假设：识别和构建问题，提出假设并提出可能的结果。

（2）规划和执行：决定如何调查或解决问题，并进行调查，包括收集数据。

（3）处理和分析数据信息：以有意义并实用的方式表示数据；识别数据中的趋势、模式和关系，并用这些证据来证明结论的正确性。

（4）评估：考虑现有证据的质量以及与该证据有关的主张、提议或结论的价值或意义。

（5）交流：通过适当的表达方式、文本类型和模式向他人传达信息或想法。

2.4.2 分支与分支之间的关系

在科学实践中，科学理解、科学是人类的事业和科学探究能力的三股力量紧密结合；科学家的工作反映了科学的本质和发展，是建立在科学探究的基础上，去寻求对社会需求的回应和影响。学生的学校科学经验应该反映和联结到这种多面性的科学观上。

为了实现这一目标，澳大利亚的科学课程的三个部分——科学应该以一种综合的方式进行教学。对这三条分支的内容描述已经写好，因此每年都有可能进行这种集成。在早些年，科学作为人类努力的一部分，其本质和发展主要集中在科学探究上。这使学生能够清楚地了解他们正在学习的探究技能和科学家的工作之间的联系。随着学生在课程中的进步，他们会调查科学理解是如何发展起来的，包括考虑一些人以及科学进步背后的故事。

学生还将认识到，如何将科学理解应用到生活中。随着学生对科学知识和技能的理解越来越深入，他们越来越能够欣赏科学在社会中的作用。科学理解分支中的内容将帮助学生理解当代问题，如气候变化、资源利用、医疗干预、生物多样性和宇宙起源。这些科学领域的重要性可以通过科学是人类的事业分支的一部分所提供的背景来强调，并且可以鼓励学生通过科学探究技能分支的各个方面来批判性地看待当代科学；例如，通过分析、评估和沟通这些方面。

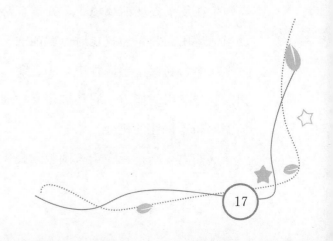

第3章
澳大利亚小学科学课程概述

3.1 综合能力及要求

澳大利亚小学课程十分重视学生综合能力的培养，自然科学课程也是如此，该能力让21世纪的澳大利亚年轻人得以具备在生活和工作中取得成功的条件。

澳大利亚小学课程中的综合能力包括知识、技能、行为和性格。当学生在复杂多变的环境中、在学校学习和校外生活中自信、有效并恰当地运用到知识和技能时，就能锻炼到该能力。

在澳大利亚小学课程中，综合能力被定义为能够在内容描述中得到发展与应用的能力，它还被定义为通过内容阐述为学生学习提供增加深度和丰富性的机会。

这些内容阐述旨在给教师教学提供思路，图标用于指示在学科领域的内容描述和阐述中已经确认的综合能力。

澳大利亚小学科学课程包括七项综合能力,这些综合能力旨在把学生培养成为成功的学习者,自信且具有创新精神的个体,以及主动并具有识见的公民。具体表述如下。

3.1.1 读写能力

在学习澳大利亚小学课程的自然科学课程中,学生探索并研究自身所处的世界,从而培养更扎实的读写能力。学生被要求理解和撰写文本,这些文本或提供信息、描述事件和现象,或叙述实验、呈现和评估数据,或给出解释、呈现观点和主张。学生还需要理解和编写多媒体文本,如表格、图形、图片、地图、动画、模型和视觉媒体。语言结构被用来连接信息和思想,给出描述和解释,提出假设,并构建基于证据的论点,足以表达观点提出者的立场。

通过提高自然科学方面的读写能力,学生得以明白语言因语境而异,从而提高了自身灵活使用语言的能力。科学词汇通常具有技术性,包括用于描述世界上某些概念和特征的特定术语,以及将整个过程封装在一个单词中的术语,如"光合作用"。因此,语言对提供概念本身和学生理解之间的联系以及评估学生是否理解概念至关重要。

3.1.2 批判和创造性思维

在学习澳大利亚小学课程的自然科学课程中,学生在学习生成和评估知识、想法和可能性时,发展了批判性和创造性思维的能力,并

在寻找新途径或解决方案时运用到该能力。在自然科学这一学科领域中，批判性和创造性思维被嵌入提问、预测、推测、通过调查解决问题、做出循证决策以及分析和评估证据的技能中。学生通过积极的探究来培养其对概念的理解，包括规划和选择适当的信息，评估信息源以形成结论，并对自我和集体学习过程进行批判性反思。

创造性思维能够激发全新的想法，这是发展科学理解的内在因素。科学探究通过鼓励灵活性和思想开放来促进批判性和创造性思维，因为学生可以推测他们对世界的观察以及使用和设计新过程来实现这一能力。学生对概念的理解将变得更加复杂，因为他们积极地获得了对自身所处世界越来越科学的看法，并有能力从新的角度来审视这个世界。

3.1.3 信息交流和技术能力

在学习澳大利亚小学课程的自然科学课程中，学生在研究科学概念和应用、研究科学现象和交流他们对科学的理解时发展了自身的信息交流和技术能力。当学生利用该能力获取信息，收集、分析和表达数据，建模和解释概念和关系，交流科学思想、过程和信息时，便进一步发展了这一能力。

技术可用来获取超出人类感官能力的信息，并以提高学生对概念、想法和信息理解的方式来表现科学现象。动画和模拟等数字辅助工具提供了观察现象和证实预测的机会，这些现象和预测都无法通过课堂上的实际实验进行研究，因此，这些工具和技术的应用还能增强学生对科学的理解和参与度。

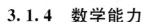
3.1.4　数学能力

在澳大利亚小学课程的自然科学课程中，数学能力的许多要素显而易见，尤其是科学探究技能。这些技能包括实际测量以及收集、表示和解释调查数据的能力。

向学生教授测量方法时，教师首先使用非正式单位，随后才是正式单位。久而久之，学生将考虑测量的不确定性和可靠性等问题。随着学生的进步，他们将收集定性和定量数据，并以图形形式进行分析和表示。学生学习数据分析技能，包括从数字数据和图表中识别趋势和模式。在随后的几年里，算术要求包括数据的统计分析、与准确性和有效性有关的问题，使用数学关系来计算和预测值，以及使用数学工具来提供支持假设或立场的证据。

3.1.5　跨文化理解能力

澳大利亚小学课程的自然科学课程让学生有机会培养跨文化理解能力。学生得以学会欣赏不同文化视角对科学知识和应用的发展、广度和多样性所做的贡献。

学生有机会意识到，在不同文化群体中提出一些辩论需要具备文化敏感性。他们得以认识到，越来越多的科学家在不同文化的团队中工作，并与不同文化的社区接触，以解决具有国际重要性的问题。

3.1.6　人际和社交能力

澳大利亚小学课程的自然科学课程让学生在从事科学探究时，得

以发展人际和社交能力，学习如何在日常生活中传播和应用自然科学知识，并探索科学辩论如何为社区做出贡献。这包括培养沟通技能、主动性、目标设定、与他人互动和决策的能力，以及独立协作的能力。

自然科学这一学科领域通过提升学生的质疑能力、解决问题、探索和展示好奇心的能力来增强学生的人际和社交能力。学生能利用学到的科学知识对影响自身生活的问题做出明智决策，如健康和营养以及环境变化等问题，并考虑应用科学来满足一系列个人和社会需求。

3.1.7 伦理解读能力

澳大利亚小学课程的自然科学课程让学生得以形成和做出与实验科学、实践准则以及科学信息和科学应用相关的伦理判断的能力。他们将探索诚信在科学中的意义，并在调查中探索和应用道德准则。学生将考虑自身的研究对其他人、环境和生物所产生的影响。

学生利用科学信息来评估某些声称，并为一系列社会、环境和个人问题的伦理决策提供信息，例如土地使用或动物治疗。

3.2 小学科学课程内容及要求

澳大利亚小学科学课程的内容主要涉及科学理解和科学是人类的事业两大部分，针对这两部分内容，在不同学段对不同领域都有具体要求，见表3.1、表3.2。

表 3.1　"科学理解"部分各学段学习的内容

分领域	学前班	一年级	二年级	三年级	四年级	五年级	六年级
生物科学	生物有基本的需要，包括食物和水	生物有各种各样的外部特征，生物生活在不同的栖息地，这些栖息地能满足动物生存的条件	生物生长、发育，并孕育相似的后代	生物可以根据观察到的特征进行分组，并且可以与非生物区分开来	生物有生命周期，生物依靠彼此和环境而生存	生物有自身的结构性适应性，这些能帮助它们在环境中生存	生物的生长和生存受到环境中物理条件的影响
化学科学	物体是由具有可观察特性的材料制成的	日常材料可以通过多种方式发生变化	不同的材料可以组合成特定的用途	固体和液体之间的状态变化可以通过吸热或放热实现	天然材料和加工材料有一系列的物理特性，这些特性会影响材料的使用	固体、液体和气体具有不同的可观测性质，并以不同的方式表现	材料的变化可以是可逆的，也可以是不可逆的
地球与空间科学	环境的每日及季节性变化会影响日常生活	天空中和自然景观中可见的变化	地球资源的利用方式多样	地球绕地轴自转会引起规律的变化，包括昼夜变化	由于自然变化和人类活动，地球表面会随着时间而变化	地球是太阳系的一部分，地球围绕统一颗星（太阳）运行	地质变化和极端天气事件会影响地球表面
物理科学	物体运动的方式取决于多种因素，包括它们的大小和形状	光和声音是有源头产生的，这些源头是可以被感知的	推或拉会影响物体运动方式或改变物体形状	热可以通过多种方式产生，可以从一个物体传递到另一个物体	力的产生可以通过物体的相互作用	光源发出的光可以形成阴影，可以被吸收、反射和折射	电能可以在电路中传输和转换，电能可以从多种来源产生

表 3.2　　"科学是人类的事业"各实施过程在不同学段的内容

实施过程	学前班	1～2 年级	3～4 年级	5～6 年级
提出问题和假设	提出并回答关于熟悉的物体和事件的问题	提出并回答问题，对熟悉的物体和事件作出假设	在指导下，在熟悉的情境中找出可以进行科学探究的问题，并基于以往的知识经验作出猜想	在指导下，对科学技术调查提出澄清和预测
规划和执行	参与引导调查，利用感官进行观察	参与指导调查，探索并回答问题。使用一系列方法收集和记录测量结果，适时使用数字技术	在指导下，计划并进行科学的调查，回答问题，考虑安全使用的材料和设备。考虑公平测试，并适当使用正式测量和数字技术，以准确地进行观测和记录	确定计划并应用科学调查的要素，通过安全使用的设备和材料，识别潜在的风险，以此回答问题和解决问题。在公平的测试中确定要改变的变量，并在适当情况下使用数字技术准确地观察测量和记录数据
处理和分析数据信息	对观察进行讨论并表达观点	使用一系列的方法对信息进行分类，包括图表格，通过讨论得到的表格，将观察结果进行比较	使用图表表示数据，识别数据模式的趋势，将结果与猜想进行比较，提出可能的原因	建构并使用一系列图形、图表示和模式中的观察结果，模式或关系。将数据与猜想进行比较，并将其作为解释数据的证据
评估	把观察结果与其他的相比较	把观察结果与其他的相比较	反思调查，包括测试是否公平	反思并提出改进科学调查的建议
交流	分享观察的结果和想法	用多种方式表达和交流观察结果和想法	用正式和非正式的表达来交流观察结果和发现	用多种科学的表达方式（包括多模态文本形式）对彼此的想法、对科学问题的解释进行交流分享

24

澳大利亚小学科学课程要求学生在学习完本学段的主要课程后，能够取得相应的成绩，并有相应的具体要求，详见表 3.3。

表 3.3　　　各学段对学生学习科学内容后的具体要求

科学：学段成就	
学前班	在基础学年结束时，学生描述熟悉物体的性质和行为，他们提出环境如何影响他们自身和其他生物。 　学生分享和反思观察结果，并对熟悉的物体和事件提出问题并作出回答
一年级	在一年级结束时，学生描述他们在日常生活中遇到的物体和事件，以及与材料和物体互动的效果，他们描述了当地环境的变化，以及不同的地方如何满足生物的需求。 　学生回答问题，做出预测，并参与其中，在指导下研究日常现象，他们按照指示记录和整理观察结果，并与他人分享
二年级	在二年级结束时，学生描述物体、材料和生物的变化。他们指出某些材料和资源有不同的用途，并举例说明科学在人们日常生活中的应用。 　学生提出并回答有关他们经历的问题，并预测调查结果。他们使用非正式的测量方法来进行观察和比较，他们以各种各样的方式记录和表达观察结果并交流思想
三年级	在三年级结束时，学生将运用他们对地球运动、材料和热运动的理解，为日常观察提供解释，他们根据可观察到的特征将生物分组，并将它们与非生物区分开来。学生描述了如何利用科学调查来回答问题。 　学生利用他们的经验来识别问题，并对科学探究做出预测。学生遵循收集和记录观察结果的程序，并根据数据中的模式提出可能的原因，他们描述了如何考虑安全性和公平性，并使用图表和其他表述方法来传达他们的想法

续表

四年级	在四年级结束时，学生应用材料的可观察特性来解释物体和材料如何被使用，他们描述了接触力和非接触力如何影响物体之间的相互作用。学生讨论自然过程和人类活动如何引起地球表面的变化，他们描述了帮助生物生存的关系，并对植物或动物生命周期中的关键阶段进行排序，当科学被用来理解他们行为的影响时，他们就会识别出来。 　学生按照指示来识别关于熟悉上下文的可调查问题，并基于先前的知识做出预测，他们描述了进行调查和安全使用设备进行准确观测和记录的方法。学生使用提供的表和列图来组织数据和识别模式。学生对观察结果提出解释，并将他们的发现与预测进行比较。学生提出考试公平与否的原因。学生用正式和非正式的方式来表达他们的观察和发现
五年级	在五年级结束时，学生根据物质的可观察性质和行为对其进行分类，他们解释与光的转移有关的日常现象，他们描述了太阳系的主要特征，他们分析生物的形态是如何使它们在环境中发挥作用的。学生讨论科学技术的发展如何影响人们的生活，帮助人们解决问题，以及科学知识如何从许多人的贡献中发展。 　学生按照指示提出调查问题，并在计划调查时预测变量变化的效果。学生以安全的方式使用设备，并提高观测的准确性。学生构建表格和图表来组织数据并识别数据中的模式，他们在提出解释时，会将数据中的模式与预测进行比较，他们描述了提高调查公平性的方法，并使用多模态文本来交流他们的想法和发现
六年级	在六年级结束时，学生会对不同类型的可观察到的材料变化进行比较和分类，他们分析了电力传输的需求，并描述了发电时如何将能源从一种形式转换成另一种形式，他们解释了自然事件如何导致地球表面的快速变化，他们描述和预测环境变化对个体生物的影响。学生解释科学知识如何帮助我们解决问题，提供决策信息，并确定历史和文化贡献。 　学生按照程序开发可调查的问题，并设计调查简单的因果关系。学生确认在规划方法时，需要更改和测量变量，并描述潜在的安全风险。学生收集、组织和解释自己的数据，确定改进方法或研究的哪些地方可以改进数据，他们使用适当的表示来描述和分析数据中的关系，并构造多模态文本来传达思想、方法和结果

3.3　小学科学课程各年级学业达标样例

附加注释的作业样例组合用于帮助澳大利亚实施 7 年科学课程的建立。

每个作业样例组合都是学生学习过程以及与之对应的学习成绩标准的例证。每个成绩标准都有三个档案袋，分别表示满意、高于满意和低于满意的学生成绩。这一系列作业样本组合帮助教师对判断学生的学习效果的质量做出均衡的判断。

每个组合都包含一系列评估任务中的学生作品。作业样本组合中没有预先确定数量的学生样本，也没有按任何特定顺序排序。每项工作组合中的样本可能因学生接受任务的时间或教师提供任务的难度而异。这些作品集包含学生作品的真实样本，可能包含拼写错误和其他不准确之处。学生作品中表达的观点是自己的观点。

教师和其他课程专家已经对这些组合进行了选择、注释和审查。这些作业样本组合将随着时间的推移再次进行审查。澳大利亚课程、评估和报告管理局（ACARA）承认澳大利亚教师为这些作业样本组合做出的贡献。本书在此只列出了各年级的作业样例的题目、类型及具体希望达成的目的，供读者参考。

3.3.1　学前班

该部分突出显示评估任务中目标的绩效标准。在学前班学年结束时，学生描述熟悉物体的属性和行为。他们建议环境如何影响他们和其他生物。学生们会分享对熟悉的物体和事件的观察。

学前班学年科学的作业样例组合提供 5 种样例，即样例 1 报告（天气如何影响我们的）、样例 2 设计任务（动物栖息地）、样例 3 调查（观察物体的移动）、样例 4 工作表（动物如何移动）、样例 5 调查（材料的性质）。

在这个组合中，学生描述熟悉材料的属性（样例 5）和熟悉物体和生物的行为（例如，动物如何移动）（样例 3、样例 4）。学生解释环境如何影响他们以及他们在不同环境中的需求（样例 1），并建议环境如何影响其他生物（样例 2）。在老师的指导下，学生展示了通过口头描述、绘图和书面文本（样例 1、样例 2、样例 3、样例 4、样例 5）分享对熟悉对象的观察的能力。

3.3.2　一年级

该部分突出显示评估任务中目标的绩效标准。一年级结束时，学生描述他们在日常生活中遇到的物体和现象，以及与材料和物体互动的效果。学生识别了一系列的栖息地。学生描述当地环境的变化，并指出科学如何帮助人们爱护环境。学生们可以预测、调查日常生活的现象。学生可以根据指令对他们的对象进行整理分类并与其他同学进行分享。

一年级科学组合提供以下学生作业样例，即样例 1 报告（看见光）、样例 2 报告（环境的变化）、样例 3 调查（比较声音）、样例 4 调查（更换材料）、样例 5 调查（材料特性）、样例 6 工作表（小型野兽的栖息地)、样例 7 工作表(日常天气)样例 8 调查报告(当地的生物栖息地比较)。

在这个组合中,学生描述了一系列日常生活中常见的物体和事件,包括当地栖息地的特征(样例 8)、环境的变化(样例 2、样例 7)、光的性质的变化(样例 1)以及物体的拉伸、弯曲和摇动(样例 3、样例 4、样例 5)。学生描述一个生物及其栖息地(样例 6,样例 8),并解释了为什么它会在那个环境中被发现(样例 6)。学生指出科学是如何帮助人们爱护环境(样例 8)。学生对日常现象进行简单的调查,展示其做出预测的能力(样例 3、样例 4),并按照教师的指示对观察结果进行记录和分类(样例 2、样例 3、样例 4、样例 5、样例 7、样例 8)。学生通过文本和绘图(样例 1、样例 2、样例 3、样例 4、样例 5、样例 6、样例 7、样例 8)与其他人分享观察结果,并向教师解释文本(样例 4、样例 5、样例 8)。

3.3.3 二年级

该部分突出显示评估任务中目标的绩效标准。一年级结束时,学生能描述物体、材料和生物的变化。学生指出某些材料和资源有不同的用途,并描述了科学应用于人们的日常生活的例子。学生提出他们对于调查对象的主观经验和预测结果。学生使用非正式测量去比较观察对象。学生根据指令对观察对象进行记录和描述,并与其他人进行交流。

该组合提供以下学生作业样例,即样例 1 调查(如何使水清洁)、样例 2 设计任务(材料交换)、样例 3 调查(推车)、样例 4 调

查（家庭和学校用水）、样例 5 工作表（生命阶段）、样例 6 工作表
（日常生活中的科学）、样例 7 调查（岩石道路）、样例 8 工作表（混
合物分类）。

在这个组合中，学生描述了由于施加推力（样例 3）而引起的
物体位置的变化和生物的变化，特别是生长和行为的变化（样例
5）。学生将水视为一种资源，并确定其在日常生活中的用途（样例
4）。学生调查各种材料和混合物（样例 2、样例 7、样例 8）的性质
和用途，并考虑为特定目的构建物体的最佳材料混合物（样例 2、
样例 7）。学生将科学实践与日常生活中的活动联系起来，例如：食
品生产（样例 7）。

学生展示了预测调查结果（样例 1、样例 3、样例 7）的能力，
并在记录和比较观察结果（样例 1、样例 3、样例 7）时使用非正式
测量（例如，"清晰""最大""更难"）。学生进行调查（样例 1、样
例 3、样例 4、样例 7），按照老师的指示记录和表示观察结果（样
例 1、样例 2、样例 3、样例 4、样例 5、样例 6、样例 7），并使用绘
图、文字和标签图（样例 1、样例 2、样例 3、样例 4、样例 5、样
例 6、样例 7、样例 8）与他人交流想法。

3.3.4　三年级

该部分突出显示评估任务中目标的绩效标准。三年级结束时，学
生利用他们对地球运动、材料和热运动的理解来为日常观察进行解
释。学生描述生物共有的特征。学生描述如何用科学调查回答问题，
并确定人们在生活中哪些方面使用科学知识。

学生根据以往经验提出问题并预测调查结果。学生进行正式的测量并遵循步骤，这有助于弄清楚调查问题的方式收集和呈现观察结果。学生为他们的发现提出了可能的原因。学生描述了在调查中如何考虑安全性和公平性。学生用图表和其他方法来表达他们的想法。

该组合提供以下学生作业样例，即示例 1 调查：移动阴影、样例 2 调查：消失的冰块、样例 3 海报：白天和黑夜、样例 4 调查：勺子和热量、样例 5 维恩图：生物的特征、样例 6 调查：当地鸟类。

在这个作品集中，学生描述了每天观察到的热现象，并利用他们对热的影响和热的运动的理解来解释这些现象的各个方面（样例 4）。学生介绍地球相对于太阳运动的理解，并利用这一理解解释一些观察结果（样例 1、样例 3），确定一些生物共有的特征（样例 5），并确定了科学知识在人们生活中的应用实例（样例 3、样例 4）。

学生根据日常经验（样例 2、样例 4、样例 6）提出问题并做出预测，凝聚步骤收集和呈现观察结果（样例 1、样例 2、样例 4、样例 6），包括使用正式测量（样例 6）。学生使用表格来呈现数据（样例 4、样例 6）。学生解释数据以回答教师提出的问题，包括识别模式，并为他们的发现提出可能的原因（样例 4）。学生报告安全性是如何被考虑的（样例 4），并考虑公平测试的各个方面，包括在教师的指导下描述保持不变的变量（样例 4）。学生选择恰当的科学语言，使用图画和图表来交流彼此的发现和想法（样例 1、样例 2、样例 3、样例 4、样例 5、样例 6）。

3.3.5 四年级

该部分突出显示评估任务中目标的绩效标准。四年级结束时，学

生可根据材料的属性来解释物体和材料是如何使用的。学生用摩擦力和非摩擦力来描述物体之间的相互作用。学生讨论自然作用和人类活动如何引起地球表面的变化。学生对有利于生物存活的相关事物进行描述，并对植物或动物生命周期中的关键阶段进行排序。学生用科学来提问和做出预测。学生描述了用科学理解可以影响自己和他人行为。

学生按照指示确认周围环境中的可调查的问题，并预测可能出现的调查结果。学生对调查中和安全使用设备时进行观察和记录的方法进行讨论。学生用表格和简单的柱形图来组织数据和识别数据模式。学生对观察结果进行解释，并将他们的发现与他们的猜想进行比较。学生解释他们的方法公平与否。学生要完成简单的报告，以此交流彼此的方法和发现。

该组合提供以下学生作业样例，即样例1设计任务（游乐园游乐设施）、样例2报告（体育科学）、样例3报告（生活在珊瑚礁上）、样例4小册子（植物生命周期）、样例5调查报告（种子萌发）、样例6设计报告、样例7调查报告（物理风化效应）、样例8调查报告（鞋的性能）。

在这个组合中，学生辨认摩擦力和非摩擦力，并解释物体是如何被这些力推动或拉动的（样例1、样例2）。学生描述生态系统中有助于生物生存的生物和非生物成分之间的关系（样例3）和植物生命周期中的序列阶段（样例4）。学生能辨认一系列对象和材料的可观察属性，并使用这些属性来描述对象或材料如何实现特定目的（样例6、样例8）。学生调查风化过程，并描述它们对岩石的影响（样例7）。

学生识别科学可能在哪里用于提问和预测（样例 2）。

学生展示了按照教师的指示识别一个关于熟悉环境的可调查问题（样例 5、样例 7）和预测可能的调查结果（样例 5、样例 7）的能力。学生使用设备进行观察（样例 5、样例 7）。学生以简单的柱状图（样例 5）和表格（样例 7、样例 8）组织数据，并识别数据中的模式（样例 5、样例 7）。学生建议对观察结果进行解释（样例 5、样例 7、样例 8），将结果与预测结果进行比较（样例 5、样例 7），并提出调查方法公平与否的一些原因（样例 5、样例 8）。学生完成一系列简单的报告来交流方法和发现（样例 2、样例 3、样例 5、样例 6、样例 7、样例 8）。

3.3.6　五年级

该部分突出显示评估任务中目标的绩效标准。五年级结束时，学生根据观察到的特性和行为对物质进行分类。学生解释与光的传播相关的日常现象。学生描述太阳系的主要特征。学生分析生物如何在环境中发挥作用。学生们讨论科学的发展如何影响人们的生活，以及科学知识如何从人们的贡献中发展。

学生按照指示提出要调查的问题，预测变量改变时可能发生的情况，并设计调查方法。学生安全使用实验设备，提高观察的准确性。学生绘制表格和图表来整合数据和识别模式。学生对数据进行解释，并在报告时引用数据。学生阐述提升调查方法公平性的方法，并以各种形式交流了彼此的想法、方法和发现。

该组合提供以下学生作业样例，即样例 1 工作表（固体、液体、

气体）、样例 2 数据分析（太阳系的模式）、样例 3 调查报告中的模式（鸟喙）、样例 4 调查报告（捉迷藏）、样例 5 调查报告（黏度）、样例 6 调查报告（光能绕过角吗？）。

在这个组合中，学生将一系列常见物质分类为固体、液体和气体，并描述对可观察到的特性和行为的理解，这些特性和行为使分类成为可能（样例 1）。学生描述太阳系中的行星，并将它们与地球的大小以及它们与太阳的距离进行了比较（样例 2）。学生调查不同的适应性，并解释结构特征与功能的关系（样例 3、样例 4）。学生能理解光沿直线传播，通过反射使光绕过角（样例 6）。

学生遵循教师的指示、提出问题并进行调查、对变量变化结果提出猜想（样例 4、样例 5）以及安全使用设备，以期达到预期结果（样例 5）。学生在表格（样例 2、样例 3、样例 4）中整理数据，并通过柱状图整合数据和识别模式（样例 3、样例 4、样例 5），用这些数据来解释他们的推理（样例 2、样例 3、样例 4）。学生描述提升调查方法（样例 4、样例 5）信度的方法，并用多种文本形式（样例 2、样例 3、样例 4、样例 5、样例 6）交流彼此的想法、方法和发现。

3.3.7　六年级

该部分突出显示评估任务中目标的绩效标准。六年级结束时，学生对不同类型的材料变化进行比较和分类。学生分析电力传输的要求，并描述能量如何从一种形式转换到另一种形式进行发电。学生解释了自然事件如何导致地球表面的快速变化。学生描述和预测环境变化对个体生物的影响。学生解释科学知识是如何用于决策的，并确定不同文化背景的人对科学发展的贡献。

学生遵循探究过程提出问题，并设计对简单因果关系的调查。学生确定变量，并描述潜在的安全风险。学生收集、组织和解释他们的数据，提出他们的方法或研究的改进之处。学生描述并分析数据中的关系图形，并用其他文本形式来传达想法、方法和发现。

该组合提供以下学生作业样例，即样例 1 工作表（可逆和不可逆的变化）、样例 2 小册子（发电）、样例 3 工作表（能源转换）、样例 4 新闻报道（自然灾害）、样例 5 调查海报（发霉面包）、样例 6 调查报告（绝缘）、样例 7 调查报告（设计电气开关）、样例 8 小册子（著名科学家）。

在这个组合中，学生将材料的变化分为可逆和不可逆（样例 1）。学生制作电气开关，并确定电路中能量传输的要求（样例 7），并描述从一系列能源（样例 2、样例 3）产生电能时发生的能量转换。学生解释自然变化是如何导致地球表面快速变化的（样例 4），并阐述生物受环境条件影响的理解（样例 5）。学生识别科学知识如何用于决策（样例 3、样例 5），并描述来自不同背景的科学家如何为科学发展和改善人类生活做出的贡献（样例 8）。

学生提升了提出问题和设计简单因果关系调查的能力，包括识别要更改和测量的变量（样例 5、样例 6），并在计划调查方法时阐明潜在的安全风险（样例 5、样例 8）。学生收集、组织和解释调查数据（样例 2、样例 5、样例 6、样例 8），并确定调查方法的改进之处（样例 5、样例 6、样例 8）。学生使用图形解释、描述和分析数据趋势（样例 5），并以其他文本方式来传达想法、方法和发现（样例 2、样例 3、样例 4、样例 5、样例 6、样例 7、样例 8）。

第4章

学前班阶段

4.1 学前班科学课程描述

科学课程包括三部分内容：科学知识、科学探究技能和人类科学史。这三部分课程内容是相互关联的，在教学过程中，它们是以一种融合的方式传授给学生的。教师可以选择以何种方式将科学内容中所描述的规则和细节在课堂中呈现给学生。

4.2 科学课程重点

从学前班到二年级，学生需了解利用观察方法可以揭示模式，并且这些模式可以用来预测科学现象。

在学前班这一年，学生观察和描述日常物品、材料和生物的行为和性质。学生探索周围世界的变化，包括影响他们生活的变化，例如天气，以及他们能影响的变化，例如使物体运动或改变形状。学生知道，寻找他们提出的问题的答案，并进行观察是科学的一个核心部分，并且利用他们的感官来收集不同类型的信息。

4.3　学前班科学课程内容描述

4.3.1　科学知识

4.3.1.1　生物科学

生物有基本需求，包括食物和水。

（1）用学生的亲身经历来识别人类的需求，如温暖度、食物和水。

1）批判性和创造性思维：

询问—识别、探索和组织信息及想法。

- 组织和处理信息。

- 验证并阐明信息和想法。

（2）认识到生活的需要是在一系列的情况下的，如宠物在家里，植物在花园或植物和动物在丛林中。

1）批判性和创造性思维：

询问—识别、探索和组织信息及想法。

- 组织和处理信息。

● 验证并阐明信息和想法。

（3）对比植物和动物的需求。

1）读写能力：

词汇知识。

● 理解学习要求范围内的词汇。

2）批判性和创造性思维：

询问—识别、探索和组织信息及想法。

● 识别并阐明信息及想法。

● 组织和处理信息。

4.3.1.2 化学科学

物体是由具有可观察属性的材料制成的。

（1）根据可观察的属性对材料进行分类和分组，例如颜色、纹理和灵活性。

1）批判及富有创意的想法：

询问—识别、探索和组织信息及想法。

● 组织和处理信息。

● 识别并阐明信息和想法。

2）计算能力：

运用空间推理。

● 可视化 2D 图形和 3D 物体。

（2）思考建筑和庇护所中使用的材料如何适应当地的环境。

1）富有批判性和创新性的想法：

表明思考过程。

- 思考想法（元认知）。

询问—识别、探索和组织信息和想法。

- 识别并阐明信息及想法。

（3）调查用于出席不同的活动的衣服。

1）富有批判性和创新性的想法：

询问—识别、探索和组织信息和想法。

- 提出质疑。

- 识别并阐明信息和想法。

提出想法，可能性并采取行动。

- 可选方案。

表明想法和思考过程。

- 反思过程。

（4）对比世界制衣传统材料。

1）富有批判性和创新性的想法：

询问—识别、探索和组织信息和想法。

- 组织和处理信息。

- 识别和澄清信息和想法。

2）读写能力：

词汇知识。

- 理解所学习领域的词汇。

通过听、读来理解文本。

- 浏览、阅读和查看学习区域的文本。

- 解释和分析学习区域的文本。

澳大利亚小学
科学课程标准导论

3）跨文化解读：

认可文化和尊重发展。

探索和比较文化知识、信仰和实践。

4.3.1.3 地球和空间科学

日常生活和季节的变化影响着我们的日常生活。

（1）将日常天气的变化与我们改变行为和着装的方式联系起来，包括不同文化的例子。

1）富有批判性和创意的想法：

询问—识别、探索和组织信息和想法。

- 组织和处理信息。
- 识别和说明信息和想法。

2）读写能力：

通过听力、阅读和观看视频进行文字的深度理解。

- 浏览、阅读和查看学习区域的文本。
- 听并回应学习区域的课文。
- 解释和分析学习区域的文本。

文字知识。

- 理解所学部分的词汇。

3）跨文化解读：

认可文化，尊重发展。

- 探索和比较文化知识、信仰和实践。

（2）研究天气变化如何影响动物，如宠物、冬眠动物或迁徙动物。

1）富有批判性和创新性的想法：

40

反思思考过程。

- 反思过程。

产生想法，可能性和行动。

- 考虑选择。

询问—识别、探索和组织信息和想法。

- 提出问题。

- 组织和处理信息。

- 识别和阐明信息和想法。

2）读写能力：

通过听、读、读来理解文本。

- 解释和分析所学范围内的课文。

- 听出并回应所学范围的课文。

- 浏览、阅读和查看学习区域的文本。

文字知识。

- 理解所学范围内的词汇。

（3）了解土著和托雷斯海峡岛民的时间和天气模式的概念，解释了他们周围的世界是如何发生的。

1）读写能力：

通过听、读、看来理解文本。

解释和分析学习区域的文本。

- 听并回应学习区域的课文。

- 浏览、阅读和查看学习区域的文本。

文字知识。

- 理解学习领域的词汇。

2）富有批判性和创造性的想法：

询问—识别、探索和组织信息和想法。

- 组织和处理信息。

- 识别和阐明信息和想法。

3）跨文化解读：

承认文化和尊重发展。

- 探索和比较文化知识、信仰和实践。

4.3.1.4 物理科学

物体运动的方式取决于各种因素，包括它们的大小和形状。

（1）观察不同形状的物体，如球、块和管移动。

1）计算能力：

运用空间推理。

- 可视 2D 图形和 3D 物体。

2）富有批判性和创新性的想法：

询问—识别、探索和组织信息和想法。

- 识别和阐明信息和想法。

（2）比较大小不同，但形状相似的物体，如网球、高尔夫球、弹球、篮球和弹跳。

1）富有批判性和创新性的想法：

询问—识别、探索和组织信息和想法。

- 识别和阐明信息和想法。

- 组织和处理信息。

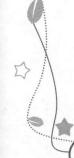

2）计算能力：

运用空间推理。

- 可视 2D 和 3D 物体。

（3）观察不同生物的运动如何取决于它们的大小和形状。

1）富有批判性和创造性的想法：

询问—识别、探索和组织信息和想法。

- 识别和阐明信息和想法。

- 组织和处理信息。

2）计算能力：

运用空间推理。

- 可视 2D 图形和 3D 物体。

4.3.2 人类科学史

4.3.2.1 科学的本质和发展

科学包括观察、询问和描述变化、物体和事件。

（1）认识到观察是探索和调查我们周围事物和地方的一个重要部分。

1）富有批判性和创新性的想法：

询问—识别、探索和组织信息和想法。

- 识别和阐明信息和想法。

（2）与他人分享观察和交流经验：

1）读写能力：通过演讲、写作和创作来撰写文章。

- 撰写口头、书面、视觉和多模态的学习区域文本。

- 使用语言与他人交流。

文字知识。

• 理解所学范围内的词汇。

2）富有批判性和创新性的想法：

反思思考和过程。

• 反思过程。

询问—识别、探索和组织信息和想法。

• 识别和阐明信息和想法。

3）人际社交能力：

社会管理。

• 协作。

• 有效沟通。

（3）探索和观察使用感官：听觉、嗅觉、触觉、视觉和味觉。

1）富有批判性和创新性的想法：

反思想法和过程。

• 反思过程。

询问—识别、探索和组织信息和想法。

• 识别并阐明信息和想法。

4.3.3 科学探究技能

4.3.3.1 质疑和预测

（1）对熟悉的物体和事件提出并回答问题。

1）人际社交能力：

社会管理。

- 有效沟通。

2）富有批判性和创造性的想法：

询问—识别、探索和组织信息和想法。

- 识别并阐明信息及想法。

- 提出疑问。

3）读写能力：

通过听、读、观察来理解文章。

- 浏览、阅读和查看学习区域的文本。

- 理解文本。

- 听出并回应所学习范围的课文。

通过说、写、创作来组织实践。

- 使用语言与他人交流。

- 撰写口语、书面、视觉和多模态的学习区域文本。

- 写作。

文字知识。

- 理解所学习领域的词汇。

（2）考虑与家庭、学校和日常生活中使用的物品有关的问题。

1）读写能力：

通过演讲、写作和创作来撰写文章。

- 组成口语。书面、视觉和多模式学习区域文本词汇知识。

文字知识。

- 理解所学范围内的词汇。

通过听力、阅读和观察来理解文章。

- 浏览、阅读和浏览学习所给区域文本。

- 倾听和回应学习领域的文章。

2）批判且富有创意的想法：

询问—识别、探索和组织信息和想法。

- 识别并澄清信息和想法。

4.3.3.2　计划和执行

参与引导调查，利用感官进行观察。

（1）利用视觉、听觉、触觉、味觉和嗅觉，使学生能够收集周围世界的信息。

1）读写能力：

通过听、读、观察来理解文章。

- 听出并回应所学领域的文章。

文字知识。

- 理解学习领域的词汇。

4.3.3.3　处理和分析数据和信息

（1）参与讨论观察和表达意见。

1）读写能力：

通过演讲、写作和创新来组成文章。

- 运用语言与他人进行交流。

- 写作。

- 撰写口语、书面、视觉和多模态的学习区域文本。

可视知识。

- 理解视觉元素是如何创造意义的。

词汇知识。

• 理解所学领域的词汇。

语法知识。

• 运用单词和词组的知识。

• 运用句子结构知识。

2）富有批判性的创新性的想法：

询问—识别、探索和组织信息和想法。

• 识别和阐述信息和想法。

(2) 参加与学生意见有关的非正式和引导讨论。

1）读写能力：

语法知识。

• 运用句子结构知识。

• 使用单词和词组的知识。

通过演讲、写作和创新理解文章。

• 运用语言与他人交流。

• 撰写口语、书面、视觉和多模态的学习区域文本。

词汇知识。

• 理解所学词汇。

2）富有批判性的创新性的想法：

询问—识别、探索和组织信息和想法。

• 识别并阐明信息和想法。

(3) 用图画的方式来表现观察结果和想法，并和他人讨论。

1）读写能力：

可视知识。

- 了解可视元素是如何创造意义的。

通过演讲、写作和创作来写作。

- 撰写口语、书面、视觉和多模态的学习区域文本。

- 运用语言与他人交流。

词汇知识。

- 理解所学词汇。

通过听力、阅读和浏览的方式理解文章。

- 听出并对所学文章给出回应。

2）富有批判性的创新性的想法：

询问—识别、探索和组织信息和想法。

- 识别并阐明信息和想法。

4.3.3.4 交流

（1）分享观察结果和想法。

1）读写能力：

通过口语、书面和创新的方式写文章。

- 构成文章。

- 运用语言与他人交流。

- 通过口语、笔头、视觉和多模式的方式写文章。

词汇知识。

- 理解所学词汇。

2）个人和社会能力：

社会管理。

- 团队协作。

- 有效沟通。

（2）在小组中工作来描述学生做了什么以及他们发现了什么。

1）读写能力：

文本知识。

- 运用文字结构的知识。

通过听力、阅读和浏览的形式理解文章。

- 听出并对所学文章给出回应。

通过口语、写作和创意的方式写文章。

- 运用语言与他人交流。

- 通过口语、笔头、视觉和多模式的方式写文章。

词汇知识。

- 理解所学词汇。

语法知识。

- 运用句子结构的知识。

2）富有批判性和创新性的想法：

询问—识别、探索和组织信息和想法。

- 组织和处理信息。

- 识别并阐明信息和想法。

3）个人和社会能力：

社会管理。

- 有效沟通。

- 团队协作。

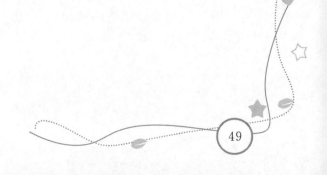

（3）通过角色扮演和绘画的方式交流。

1）个人和社会能力：

社会管理。

• 有效沟通。

• 团队协作。

2）富有批判性和创新性的想法：

询问—识别、探索和组织信息和想法。

• 组织和处理信息。

• 识别并阐明信息和想法。

3）读写能力。

词汇知识。

• 理解所学词汇。

可视知识。

• 了解视元素是如何创造意义的。

通过口语、笔头和创新的方式组成文章。

• 运用语言与他人交流。

• 通过口语、笔头、视觉和多模式的方式写文章。

通过听力、阅读和浏览的方式理解文章。

• 听出并回应所学文章。

文本知识。

• 运用文章结构的知识。

4.4 学前班成绩标准

在学前班这一年结束的时候，学生会描述熟悉对象的属性和行为。学生会给出环境和其他生物体是如何影响人类生活的建议。学生针对观察结果进行反思和交流，询问并回答有关熟悉的事物和事件的问题。

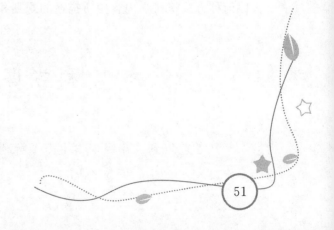

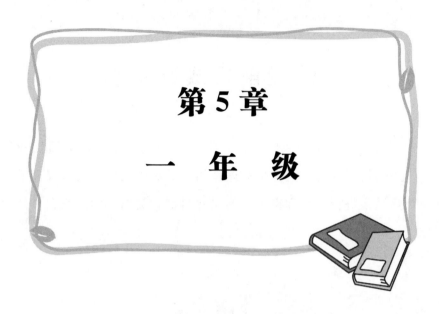

第 5 章

一 年 级

5.1 一年级科学课程描述

科学探究技能和人类科学史，在两年之内都被描述。在教学计划中，学校和教师要能够达到《成就目标》中概述的期望，并且教师也要关注相关年度科学知识，确保在两年期间能够将这两部分内容得以衔接。科学知识、科学探究技能及人类科学史这三部分课程内容是相互关联的，在教学过程中，它们是以一种融合的方式传授给学生的。教师可以选择以何种方式将科学内容中所描述的规则和细节在课堂中呈现给学生。

5.2 科学课程重点

从学前班到二年级，学生需了解利用观察方法可以揭示模式，并且这些模式可以用来预测科学现象。

在一年级这一年，学生从他们的观察和经历中推断出简单的因果关系，并开始将事件和现象与可观察的效应联系起来，从而提出问题。学生观察的事物可大可小，发生速度可快可慢。学生探索熟悉的物体和现象的性质，并从中找出相似点和不同点。学生开始将计数作为一种对比与观察的手段，教师可以引用该方法组织学生进行观察活动。

5.3　一年级科学课程内容描述

5.3.1　科学理解

5.3.1.1　生物科学

生物有各种各样的外部特征。

（1）识别动物的常见特征，如头部、腿部和翅膀。

1）富有批判性和创新性的思想：

询问—识别、探索和组织信息和想法。

- 识别和阐明信息和想法。

- 组织和处理信息。

（2）描述动物身体部位的功能，如移动和喂食。

1）读写能力：

文本知识。

- 运用文章结构的知识。

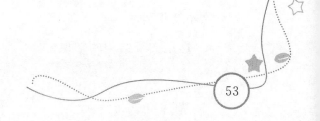

通过演讲、写作、创新来构成文章。

- 撰写口语、书面、视觉和多模态的学习区域文本。

词汇知识。

- 理解所学领域词汇。

语法知识。

- 运用句子结构知识。

2）富有批判性和创新性的想法：

询问—识别、探索和组织信息和想法。

- 组织和处理信息。

- 识别和阐明信息和想法。

（3）识别植物的共同特征，如叶子和根。

1）富有批判性和创新性的想法：

询问—识别、探索和组织信息和想法。

- 组织和处理信息。

- 识别和阐明信息和想法。

（4）描述植物部分的用途，如制作食物和取水。

1）读写能力：

文字知识。

- 理解所学领域词汇。

通过演讲、写作和创作来撰写文章。

- 撰写口语、书面、视觉和多模态的学习区域文本。

文本知识。

- 运用文章结构的知识。

- 语法知识。

- 运用句子结构的知识。

生物体生活在不同的地方，满足他们的需要。

（5）在当地的环境中探索不同的栖息地，如海滩、灌木丛和后院。

1）富有批判性和创新性的想法：

询问—识别、探索和组织信息和想法。

- 识别和阐明信息和想法。

（6）认识到不同的生物生活在不同的地方，如土地和水。

1）富有批判性和创新性的想法：

询问—识别、探索和组织信息和想法。

- 识别并阐明信息和想法。

（7）探索当栖息地发生变化，一些生物无法满足它们的需求时，会发生什么。

1）富有批判性和创新性的想法：

询问—识别、探索和组织信息和想法。

- 识别并阐明信息和想法。

5.3.1.2 化学科学

日常材料可以通过多种方式进行物理变化。

（1）通过弯曲、拉伸和扭转等动作来预测和比较不同材质的物体的形状。

1）读写能力：

文字知识。

- 理解所学领域词汇。

通过演讲、写作和创作来撰写文章。

- 撰写口语、书面、视觉和多模态的学习区域文本。

2）富有批判性和创新性的想法：

产生想法，可能性和行动。

- 寻求解决办法，并把想法付诸行动。

询问—识别、探索和组织信息和想法。

- 识别和阐明信息和想法。

3）计算能力：

运用空间推理。

- 可视 2D 图形和 3D 物体。

（2）在加热或冷却时研究水、巧克力或橡皮泥等材料的变化。

1）富有批判性和创新性的想法。

询问—识别、探索和组织信息和想法。

- 识别和阐明信息和想法。

5.3.1.3　地球与空间科学

发生在天空和自然景观中可见的变化。

（1）探索当地的环境来识别和描述自然、管理和构造的特征。

1）富有批判性和创新性的想法：

询问—识别、探索和组织信息和想法。

- 组织和处理信息。

- 识别和阐明信息和想法。

2）读写能力：

通过演讲、写作和创作来撰写文章。

- 撰写口语、书面、视觉和多模态的学习区域文本。

语法知识。

- 运用句子结构的知识。

文章知识。

- 运用文章结构的知识。

文字知识。

- 理解所学区域词汇。

（2）记录在地球和天空中发生的短期和长期的事件，例如月亮和星星在夜晚的出现，天气和季节。

1）计算能力：

识别并使用科学模式和关系。

- 识别并使用科学模式和关系。

使用测量的方法。

- 操作时钟，日历和时间表。

2）富有批判性和创新性的想法：

询问—识别、探索和组织信息和想法。

- 识别和阐明信息和想法。

3）读写能力：

词汇知识。

- 理解所学区域词汇。

通过演讲、写作和创作来撰写文章。

- 撰写口语、书面、视觉和多模态的学习区域文本。

语法知识。

• 运用句子结构的知识。

5.3.1.4 物理科学

光和声音是由一系列来源产生的，并且可以被感知。

（1）认识感官是用来了解我们周围的世界的：我们的眼睛能探测到光，我们的耳朵能探测到声音，触觉也能感觉到振动。

1）富有批判性和创新性的想法：

询问—识别、探索和组织信息和想法。

• 识别和阐明信息和想法。

（2）识别太阳作为光源。

1）富有批判性和创新性的想法：

询问—识别、探索和组织信息和想法。

• 识别和阐明信息和想法。

（3）认识到当光源发出光线时可以看到物体。

1）富有批判性和创新性的想法：

询问—识别、探索和组织信息和想法。

• 识别和阐明信息和想法。

（4）探索用熟悉的物体和动作来制造声音的不同方法，如击打、吹、刮和摇动。

1）富有批判性和创新性的想法：

询问—识别、探索和组织信息和想法。

• 识别和阐明信息和想法。

（5）比较乐器使用的声音，如响度、音高、动作等。

1) 富有批判性和创新性的想法：

询问—识别、探索和组织信息和想法。

- 识别和阐明信息和想法。

- 组织和处理信息。

5.3.2 人类科学史

5.3.2.1 科学的本质和发展

科学包括观察、询问和描述变化、物体和事件。

（1）结合教师指导，共同探讨当地环境的事件和特点。

1) 读写能力：

文本知识。

- 运用文章结构的知识。

- 使用文本衔接知识。

语法知识。

- 运用句子结构的知识。

- 运用单词和词组的知识。

- 理解所学区域词汇。

通过演讲、写作和创作来撰写文章。

- 撰写口语、书面、视觉和多模态的学习区域文本。

2) 个人和社会能力：

社会管理。

- 有效沟通。

3) 富有批判性和创新性的想法：

询问—识别、探索和组织信息和想法。

- 提出问题。

- 识别和阐明信息和想法。

（2）认识到我们所观察到的东西被人们用来帮助识别变化。

1）富有批判性和创新性的想法：

询问—识别、探索和组织信息和想法。

- 识别和阐明信息和想法。

5.3.2.2　科学的使用和其影响

（1）人们在日常生活中使用科学，包括关心环境和生物。

1）个人和社会能力：

社会意识。

- 有助于公民社会。

2）道德理解：

决策和行动的推理。

- 反思道德行为。

理解伦理观念和问题。

- 在语境中探索伦理概念。

- 承认道德的概念。

探索价值观、权利和责任。

- 估算价值。

（2）了解科学是如何用于烹饪、钓鱼、运输、运动、医药和照料动植物的。

1）富有批判性和创新性的想法：

询问—识别、探索和组织信息和想法。

● 组织和处理信息。

● 识别和阐明信息和想法。

（3）考虑到土著和托雷斯海峡岛民所使用的技术，人们需要了解如何使用材料制造工具和武器、乐器、服装、化妆品和艺术品。

1）跨文化解读：

承认文化，尊重发展。

● 探索和比较文化知识、信仰和实践。

2）富有批判性和创新性的想法：

询问—识别、探索和组织信息和想法。

● 识别和阐明信息和想法。

● 组织和处理信息。

（4）探索如何使用乐器来产生不同的声音。

1）富有批判性和创新性的想法：

询问—识别、探索和组织信息和想法。

● 识别和阐明信息和想法。

● 组织和处理信息。

（5）比较不同光源在日常生活中的使用情况。

1）读写能力：

词汇知识。

● 理解所学区域词汇。

2）富有批判性和创新性的想法：

询问—识别、探索和组织信息和想法。

- 组织和处理信息。

- 识别和阐明信息和想法。

（6）确定用于保护当地动物栖息地环境的科学知识，并建议改变公园和花园，以更好地满足当地动物的需要。

1）读写能力：

词汇知识。

- 理解所学区域词汇。

通过演讲、写作和创作来撰写文章。

- 撰写口语、书面、视觉和多模态的学习区域文本。

- 运用语言与他人交流。

2）富有批判性和创新性的想法：

产生科学想法，可能性和行动。

- 想象各种可能性并把想法联系起来。

- 考虑各种选择。

询问—识别、探索和组织信息和想法。

- 识别和阐明信息和想法。

- 组织和处理信息。

3）道德解读：

理解伦理观念和问题。

- 承认道德的概念。

4）个人和社会能力：

社会意识。

- 有助于公民社会。

5.3.3　科学探究技能

5.3.3.1　质疑和预测

（1）提出并回答问题，并对熟悉的物体和事件做出预测。

1）富有批判性和创意性的想法：

询问—识别、探索和组织信息和想法。

* 识别和阐明信息和想法。

* 提出问题。

产生想法，可能性和行动。

* 寻求解决办法，并把想法付诸行动。

2）读写能力：

语法知识。

* 运用词汇和词组知识。

* 运用句子结构的知识。

文本知识。

* 运用文本衔接知识。

* 运用文本结构的知识。

通过听、读、浏览的方式来理解文本。

* 理解文本。

* 浏览、阅读和查看学习区域的文本。

* 听并回应所学区域的课文。

词汇知识。

* 理解所学区域词汇。

通过演讲、写作和创作来撰写文章。

- 组成文章。

- 撰写口语、书面、视觉和多模态的学习区域文本。

3) 个人和社会能力：

个人和社会能力。

- 社会管理。

- 有效沟通。

(2) 思考"如果……会发生什么……?"这类型对日常生活中出现的问题和事件。

1) 读写能力：

词汇知识。

- 理解所学区域词汇。

通过演讲、写作和创作来撰写文章。

- 撰写口语、书面、视觉和多模态的学习区域文本。

2) 富有批判性和创新性的想法：

产生科学想法，可能性和行动。

- 考虑选择。

(3) 运用感官探索当地的环境，提出有趣的问题，并预测将要发生的事情。

1) 读写能力：

文本知识。

- 使用文本衔接知识。

- 使用文本结构的知识。

通过演讲、写作和创作来撰写文章。

- 组成口语、书面、视觉和多通道学习区域文本语法知识。

语法知识。

- 运用句子结构的知识。

- 运用词汇和词组的知识。

词汇知识。

- 理解所学区域的词汇。

2）富有批判性和创新性的想法：

产生科学想法，可能性和行动。

- 考虑选择。

- 寻求解决办法，并把想法付诸行动。

询问—识别、探索和组织信息和想法。

- 提出问题。

- 识别和阐明信息和想法。

5.3.3.2 计划和执行

（1）参与指导调查，探索和回答问题。

1）读写能力：

通过听、读、浏览等方式来理解文本。

- 理解文本。

- 听出并对所学文章做出回应。

- 解释和分析学习区域的文本。

- 浏览、阅读和查看学习区域的文本。

语法知识。

- 运用词汇和词组的知识。

- 运用句子结构的知识。

通过演讲、写作和创作来撰写文章。

- 撰写口语、书面、视觉和多模态的学习区域文本。

- 撰写文章。

- 运用语言与他人进行交流。

文本知识。

- 使用文本衔接知识。

- 使用文本结构的知识。

词汇知识。

- 理解所学区域词汇。

2）富有批判性和创新性的想法：

询问—识别、探索和组织信息和想法。

- 识别和阐明信息和想法。

3）个人和社会能力：

社会管理。

- 团队协作。

（2）操作研究对象并观察会发生什么。

1）富有批判性和创新性的想法：

询问—识别、探索和组织信息和想法。

- 识别和阐明信息和想法。

2）读写能力：

词汇知识。

- 理解所学区域词汇。

语法知识。

- 运用句子结构的知识。

- 通过演讲、写作和创作来撰写文章。

撰写口语、书面、视觉和多模态的学习区域文本。

- 运用语言与他人进行交流。

（3）在课堂上与其他同学合作，使用大部头的书籍，网页和信息技术等方式来研究科学想法。

1）读写能力：

通过听、读、浏览的方式来理解文本。

- 解释和分析学习区域的文本。

- 听出并对回应所学习区域的课文。

- 浏览、阅读和查看所学习领域的文章。

词汇知识。

- 理解所学领域的词汇。

2）浏览、阅读和查看学习区域的文章：

调查与信息通信技术。

- 查找、生成和访问数据和信息。

- 定义和计划信息搜索。

3）富有批判性和创新性的想法：

询问—识别、探索和组织信息和想法。

- 识别并澄清信息和想法。

4）个人和社会能力：

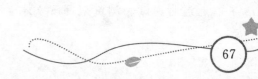

社会管理。

• 团队协作。

（4）探索通过引导讨论来解决科学问题的不同方法。

1）富有批判性和创新性的想法：

反思科学想法和过程。

• 反思过程。

2）读写能力：

通过听、读、浏览来理解文本。

• 解释和分析所学区域的文本。

• 浏览、阅读和查看所学区域的文本。

• 听出并对所学习的文章做出回应。

词汇知识。

• 理解所学区域的词汇。

（5）在教师指导下，根据容易观察到的特征对信息进行分类和分类。

1）计算能力：

运用空间推理。

• 可视 2D 图形和 3D 物体。

2）读写能力：

通过演讲、写作和创作来撰写文章。

• 词汇知识。

• 理解所学领域单词。

通过听、读、浏览来理解文本。

• 浏览、阅读和查看学习区域的文本。

3）富有批判性和创新性的想法：

询问—识别、探索和组织信息和想法。

• 识别和阐明信息和想法。

（6）使用非正式的测量方法收集和记录观测数据，并适当地使用数字技术。

1）信息和通信技术（ICT）能力：

管理和操作信息通信技术。

• 管理数字数据。

调查与信息通信技术。

• 查找、生成和访问数据和信息。

2）读写能力：

通过演讲、写作和创作来撰写文章。

• 撰写文章。

• 组成口语、书面、视觉和多通道学习区域文本词汇知识。

词汇知识。

• 理解所学区域的单词。

3）计算能力：

运用计量方法。

• 用公制单位估计和测量。

4）富有批判性和创新性的想法：

询问—识别、探索和组织信息和想法。

• 识别和阐明信息和想法。

(7) 使用那些学生从家和学校可以方便搜集到的物品，如杯子（烹饪）、手跨（长度）和步行步距（距离）等作为计量单位，在老师指导下观察和记录研究成果。

1) 富有批判性和创新性的想法：

询问—识别、探索和组织信息和想法。

• 识别和阐明信息和想法。

2) 读写能力：

通过听力、阅读和浏览等方式理解文章。

• 浏览、阅读和查看所学区域的文章。

通过演讲、写作和创作来撰写文章。

• 撰写口语、书面、视觉和多模态的学习区域文本。

词汇知识。

• 理解所学区域的词汇。

3) 计算能力：

运用测量方法。

• 用米制单位估测和测量。

5.3.3.3　处理和分析数据和信息

(1) 使用一系列的方法对信息进行排序，包括图纸和提供的表格，通过讨论，比较观察和预测。

1) 富有批判性和创新性的想法：

询问—识别、探索和组织信息和想法。

• 组织和处理信息。

2) 读写能力：

词汇知识。

- 理解所学区域词汇。

通过演讲、写作和创作来撰写文章。

- 撰写口语、书面、视觉和多模态的学习区域文本。

- 撰写文章。

可视知识。

- 理解视觉元素是如何创造意义的。

3）计算能力：

解读统计资料。

- 解读数据资料。

（2）使用相匹配的活动，包括识别相似物，挑出特别的一个和对立对象。

1）富有批判性和创新性的想法：

询问——识别、探索和组织信息和想法。

- 组织和处理信息。

- 识别和理清信息和想法。

（3）讨论原始的科学预测，并在教师的指导下，将它们与他们的观测相比较。

1）读写能力：

通过演讲、写作和创意撰写文章。

- 运用语言与他人交流。

- 组成口语、书面、视觉和多通道学习区域文本词汇知识。

词汇知识。

- 理解所学区域的词汇。

语法知识。

- 运用词汇和词组的知识。

- 运用句子结构的知识。

通过听、读、浏览等方式来理解文本。

- 听出并对所学文章做出回应。

- 浏览、阅读和查看所学文章。

- 解释和分析学习区域的文本。

2）富有批判性和创新性的想法：

询问—识别、探索和组织信息和想法。

- 识别和阐明信息和想法。

- 组织和处理信息。

（4）探索通过课堂讨论记录和分享信息的方法。

1）读写能力：

通过演讲、写作和创作来撰写文章。

- 编写口语、书面、视觉和多模态的学习区域文本。

- 运用语言与他人交流。

词汇知识。

- 理解所学词汇。

2）富有批判性和创新性的想法：

询问—识别、探索和组织信息和想法。

- 识别和阐明信息和想法。

在想法和过程上进行反思。

- 反思过程。

（5）用简单柱形图和图形图来体现调查结果。

1）读写能力：

可视知识。

- 理解视觉元素是如何创造意义的。

词汇知识。

- 理解所学词汇。

通过演讲、写作和创作来撰写文章。

- 通过听、阅读和观看组成口语、书面，视觉和多通道学习区域文本理解文本。

通过听力、阅读、浏览等方式理解文章。

- 浏览、阅读和查看学习区域的文本。

2）计算能力：

解释统计信息。

- 解释资料数据。

3）富有批判性和创新性的想法：

询问—识别、探索和组织信息和想法。

- 组织和处理信息。

4）个人和社会能力：

社会管理。

- 团队协作。

5.3.3.4 评估

（1）将观察结果与他人的进行比较。

1) 富于批判性和创新性的想法：

询问—识别、探索和组织信息和想法。

- 组织和处理信息。

2) 读写能力：

通过演讲、写作和创作来撰写文章。

- 撰写文章。

- 撰写口语、书面、视觉和多模态的学习区域文本。

- 运用语言与他人交流。

语法知识。

- 运用句子结构的知识。

- 运用词汇和词组的知识。

通过听力、阅读和浏览的方式理解文章。

- 解释并分析所学文章。

- 理解文章。

- 听出并对所学文章做出回应。

- 浏览，阅读和查看学习区域的文本。

词汇知识。

- 理解所学词汇。

（2）讨论观察作为一个整体来确定他们观察的异同。

1) 读写能力：

通过演讲、写作和创作来撰写文章。

- 撰写口语、书面、视觉和多模态的学习区域文本。

- 运用语言与他人交流。

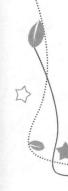

语法知识。

- 运用词汇和词组的知识。

- 运用句子结构的知识。

词汇知识。

- 理解所学词汇。

通过听力、阅读和浏览的方式理解文章。

- 浏览、阅读和查看学习区域的文本。

- 听出并对所学文章做出回应。

- 解释并分析所学文章。

2）富有批判性和创新性的想法：

询问—识别、探索和组织信息和想法。

- 组织和分析信息。

- 识别和阐明信息和想法。

3）个人和社会能力：

社会管理。

- 团队协作。

- 有效沟通。

5.3.3.5　交流

（1）以多种方式表现和交流意见和想法。

1）读写能力：

通过演讲、写作和创作来撰写文章。

- 播放演示文稿。

- 撰写口语、书面、视觉和多模态的学习区域文本。

- 运用语言与他人交流。

- 写文章。

文本知识。

- 运用文章衔接知识。

- 运用文章结构知识。

语法知识。

- 运用句子结构的知识。

- 运用词汇和词组的知识。

词汇知识。

- 运用拼写的知识。

- 理解所学词汇。

可视知识。

- 理解视觉元素是如何创造意义的。

2）富有批判性和创新性的想法：

询问—识别、探索和组织信息和想法。

- 组织和处理信息。

（2）讨论或陈述在调查中的发现。

1）读写能力：

通过演讲、写作和创作来撰写文章。

- 运用语言与他人交流。

- 组成口语、书面、视觉和多通道学习区域文本语法知识。

语法知识。

- 运用句子结构的知识。

- 运用词汇和词组的知识。

可视知识。

- 理解视觉元素是如何创造意义的。

词汇知识。

- 理解所学词汇。

2) 富有批判性和创新性的想法：

询问—识别、探索和组织信息和想法。

- 组织和处理信息。

(3) 参与整个班级或指导小组讨论，分享意见和想法。

1) 个人和社会能力：

社会管理。

- 有效沟通。

- 团队协作。

2) 富有批判性和创造性的想法：

询问—识别、探索和组织信息和想法。

- 识别和澄清信息和想法。

3) 读写能力：

通过演讲、写作和创作来撰写文章。

- 撰写口语、书面、视觉和多模态的学习区域文本。

- 运用语言与他人交流。

语法知识。

- 运用词汇和词组的知识。

- 运用句子结构的知识。

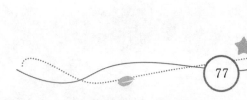

词汇知识。

• 理解所学词汇。

5.4　一年级成绩标准

一年级结束时，学生可以描述他们日常生活中遇到的事物和事件，以及材料和物体对生活产生的影响。学生可以描述当地环境的变化，阐述不同的地方如何满足生物的需求。

学生能够探索问题，做出科学预测，并参与调查日常现象。学生能够按照要求进行科学记录、整理观察结果，并与他人分享。

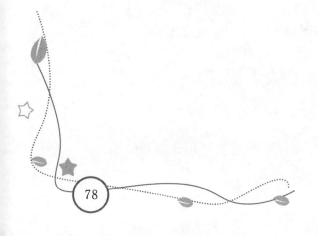

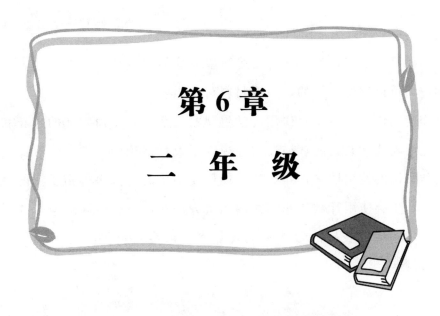

第6章

二 年 级

6.1 二年级科学课程描述

　　科学探究技能和人类科学史，在两年之内都被涉及。在他们的计划中，学校和教师要能够达到"成就目标"中概述的期望，并且教师也要关注相关年度科学知识，确保在两年期间能够将这两部分内容得以衔接。科学知识、科学探究技能及人类科学史这三部分课程内容是相互关联的，在教学过程中，它们是以一种融合的方式传授给学生的。教师可以选择以何种方式将科学内容中所描述的规则和细节在课堂中呈现给学生。

6.2 科学课程重点

　　从学前班到二年级，学生需了解利用观察方法可以揭示模式，并

且这些模式可以用来预测科学现象。

在第二学年，学生学会描述简单系统的组成部分，如通过推理和拉力可以改变物体的，不同材料可以组合在一起，如何通过直接操作使物体与材料相互作用。学生观察生活中有生命物体的成长和变化的模式，并且能够描述这些模式以及作出预测。学生能够探究地球资源的使用情况，并在考虑如何使用水的时候习得物质流的概念。学生会使用计数和非正式的测量方法来进行比较和观察，并开始认识到利用表格的形式去呈现观察的内容可以更容易揭示科学模式。

6.3　二年级科学课程内容描述

6.3.1　科学知识

6.3.1.1　生物科学

生物体生长、变化以及拥有与它们相似的后代。

（1）个人成长和出生时的变化。

1）富有批判性和创新性的想法：

询问—识别、探索和组织信息和想法。

- 识别和阐明信息和想法。

2）读写能力：

词汇知识。

- 理解所学词汇。

通过演讲、写作和创作来写作。

• 构成口语、写作、视觉和多模式学习的文本。

（2）认识到生物在不同发展阶段具有可预测的特性。

1）富有批判性和创新性的想法：

询问—识别、探索和组织信息和想法。

• 组织和处理信息。

• 识别、阐明信息和想法。

（3）探索动物生命阶段的不同特征，例如从卵到毛毛虫和蝴蝶的过程。

1）富有批判性和创新性的想法：

询问—识别、探索和组织信息和想法。

• 识别并阐明信息和想法。

（4）观察到所有有后代的动物，通常都是有父母双方的。

1）富有批判性和创新性的想法：

询问—识别、探索和组织信息和想法。

• 识别并阐明信息和想法。

• 组织和处理信息。

6.3.1.2　化学科学

不同种的物质可以为了特殊目的而结合在一起。

（1）探索当地环境，观察各种材料，并描述材料的使用方式。

1）读写能力：

文字知识。

• 运用文章结构的知识。

通过演讲、协作、创作的方式撰写文章。

- 构成口语、写作、视觉和多模式学习的文本。

- 理解所学词汇。

语法知识。

- 运用句子结构的知识。

2）富有批判性和创新性的想法：

询问—识别、探索和组织信息和想法。

- 组织和处理信息。

- 识别并阐明信息和想法。

（2）调查混合材料的效果。

1）富有批判性和创新性的想法：

询问—识别、探索和组织信息和想法。

- 组织和处理信息。

- 识别、阐明信息和想法。

（3）这也就说明了为什么玩具和衣服等日常用品的不同部分是由不同的材料制成的。

1）读写能力：

文字知识。

- 运用文字结构的知识。

语法知识。

- 运用句子结构的知识。

通过演讲、写作和创作来撰写文章。

- 写作、视觉和多模式学习领域的文本。

词汇知识。

• 理解所学词汇。

2）富有批判性和创新性的想法：

产生想法、可能性并采取行动。

• 想象各种可能性和可联系的想法。

（4）识别诸如纸张之类的材料，这些材料可以被修改、再造或回收到新产品中。

1）富有批判性和创新性的想法：

询问—识别、探索和组织信息和想法。

• 识别并阐明信息和想法。

• 组织和处理信息。

6.3.1.3 地球和空间科学

地球资源的使用方式多种多样。

（1）识别地球上的资源，包括水、土壤和矿物质，并描述它们在学校里是如何使用的。

1）读写能力：

通过听力、阅读和浏览等方式理解文章。

• 解释并分析所学文章。

• 浏览、阅读和浏览所学文章。

语法知识。

• 运用句子结构的知识。

文本知识。

• 运用文章结构的知识。

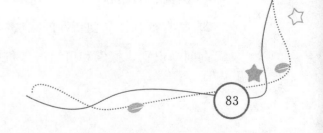

词汇知识。

- 理解所学单词。

通过演讲、写作、创新等方式撰写文章。

- 写作，视觉和多模式学习领域的文本。

2）富有批判性和创新性的想法：

询问—识别、探索和组织信息和想法。

- 识别并阐明信息和想法。

- 组织和处理信息。

（2）描述像水这样的资源如何从它的源头转移到它的使用上。

1）读写能力：

词汇知识。

- 理解所学词汇。

语法知识。

- 运用句子结构的知识。

通过演讲、写作和创新来撰写文章。

- 构成口语、书面、可视以及多模式文章。

文本知识。

- 运用文章结构的知识。

通过听力、阅读和浏览等方式理解文章。

- 解释并分析所学文章。

- 浏览、阅读和浏览学习区域文本。

2）富有批判性和创新性的想法：

询问—识别、探索和组织信息和想法。

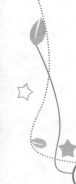

- 识别并阐明信息和想法。

（3）思考人类如果有一种熟悉的可用资源：比如水资源，发生变化，人类会变得怎样。

1）富有批判性和创新性的想法：

产生想法、假设和行动。

- 想象各种可能性和想法。

（4）在学校里采取行动，例如关闭滴水龙头，这样可以节约资源。

1）个人和社会能力：

社会意识。

- 共建公民社会。

2）富有批判性和创新性的想法：

询问—识别、探索和组织信息和想法。

6.3.1.4 物理科学

推或拉会影响物体运动或改变形状。

（1）通过水和空气探索物体在陆地上移动的方式。

1）富有批判性和创新性的想法：

询问—识别、探索和组织信息和想法。

- 组织和处理信息。

- 识别并阐明信息和想法。

（2）探索不同的推力和拉力如何影响物体的运动。

1）富有批判性和创新性的想法：

询问—识别、探索和组织信息和想法。

- 组织和处理信息。

- 识别并阐明信息和想法。

2）计算能力：

运用测量。

- 用公制单位估计和测量。

（3）识别来自不同文化的玩具使用推或拉的力量。

1）读写能力：

通过听力、阅读和浏览的方式理解文章。

- 解释和分析所学文章。

- 浏览、阅读和浏览所学文章。

词汇知识。

- 理解所学词汇。

2）富有批判性和创新性的想法：

询问—识别、探索和组织信息和想法。

- 识别和阐明信息和想法。

3）跨文化解读：

认识文化，尊重发展。

- 探索并比较文化知识，信仰和实践。

（4）思考物体被拉向地球的效果。

1）富有批判性和创新性的想法：

询问—识别、探索和组织信息和想法。

- 识别并阐明信息和想法。

- 组织和处理信息。

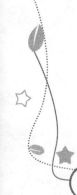

6.3.2 人类科学史

6.3.2.1 自然和科学的发展

科学包括观察、提问和描述事物、对象和事件的变化。

（1）用科学知识来描述日常的事件和经历以及环境的变化。

1）读写能力：

通过演讲、写作和创作来写作。

- 构成口语、书面、可视的以及多模式学习文本。

词汇知识。

- 理解所学词汇。

语法知识。

- 运用句子结构的知识。

- 运用单词和词组的知识。

文本知识。

- 运用文字衔接的知识。

- 运用文字结构的知识。

2）富有批判性和创新性的想法：

在思想和过程上进行反思。

- 将知识转换到新语境中。

（2）运用力或物质的知识来说明日常用品是如何作用的。

1）读写能力：

词汇知识。

- 理解所学词汇。

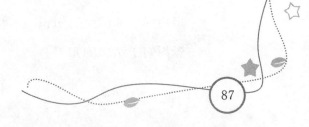

通过口语、书面和创新的方式组成文章。

- 构成口语、书面、可视和多模式学习文章。

- 运用语言与他人交流。

文本知识。

- 运用文章结构的知识。

语法知识。

- 运用句子结构的知识。

2）富有批判性和创新性的想法：

在思想和过程上进行反思。

- 将知识转换到新语境中。

（3）识别并描述水资源。

1）读写能力：

通过听力、阅读和浏览的方式理解文章。

- 解读和分析所学文章。

- 浏览、阅读和查看所学文章。

词汇知识。

- 理解所学词汇。

文本知识。

- 运用文本结构的知识。

- 使用文本内聚力的知识。

语法知识。

- 运用词汇和词组的知识。

- 运用句子结构的知识。

通过口语、书面和创新的方式组成文章。

- 构成口语、书面、可视和多模式学习文章。

2）富有批判性和创新性的想法：

询问—识别、探索和组织信息和想法。

- 识别并阐明信息和想法。

6.3.2.2 科学的运用和影响

（1）人们在日常生活中使用科学，包括观察他们所处生活的环境和生物。

1）个人和社会能力：

社会意识。

- 对公民社会有所贡献。

（2）监测有关环境和地球资源的信息，如降水量、水位和温度。

1）读写能力：

词汇知识。

- 理解所学词汇。

- 通过听力、阅读和浏览的方式理解文章。

- 浏览、阅读和查看所学文章。

- 听出并对所学文章做出回应。

- 解释并分析所学文章。

2）富有批判性和创新性的想法：

询问—识别、探索和组织信息和想法。

- 组织和处理信息。

- 识别并阐明信息和想法。

（3）了解土著居民和托雷斯海峡岛民是如何利用科学来满足他们的需求的，包括食物供应。

1）读写能力：

通过听力、阅读和浏览的方式理解文章。

- 解释并分析所学文章。

- 浏览、阅读和查看所学文章。

- 听出并对所学文章做出回应。

- 理解所学词汇。

2）富有批判性和创新性的想法：

询问—识别、探索和组织信息和想法。

- 组织和处理信息。

- 识别并阐明信息和想法。

3）跨文化解读：

了解文化，尊重发展。

（4）探索和比较文化知识、信仰和实践。

探索不同的文化如何通过混合材料制造墨水、颜料和颜料。

1）读写能力：

通过听力、阅读和浏览的方式理解文章。

- 解释和分析所学文章。

- 听出并对所学文章做出回应。

- 浏览、阅读和查看所学文章。

词汇知识。

- 理解所学词汇。

2）富有批判性和创新性的想法：

询问—识别、探索和组织信息和想法。

- 组织和处理信息。
- 识别并阐明信息和想法。

3）跨文化解读：

了解文化，尊重发展。

- 探索和比较文化知识、信仰和实践。

（5）了解人类管理和保护资源的方式，例如减少浪费和珍惜水资源供应。

1）富有批判性和创新性的想法：

询问—识别、探索和组织信息和想法。

- 识别并阐明信息和想法。
- 组织和处理信息。

2）读写能力：

通过听力、阅读和浏览的方式理解文章。

- 浏览、阅读和查看所学文章。
- 听出并对所学文章做出回应。
- 解释和分析所学文章。

词汇知识。

- 理解所学词汇。

（6）认识到许多生物依赖于可能受到威胁的资源，而科学的理解有助于保护这些资源。

1）道德解读：

探索价值、权利和责任。

- 考量价值。

- 考虑的观点。

决策和行为的理由。

- 原因和做出道德决策。

2）富有批判性和创新性的想法：

询问—识别、探索和组织信息和想法。

- 组织和处理信息。

- 识别并阐明信息和观点。

6.3.3 科学探究技能

6.3.3.1 质疑及预测

（1）对问题做出姿态和回应，并对熟悉的对象和事件做出预测。

1）读写能力：

语法知识。

- 运用词汇和词组的知识。

- 运用句子结构的知识。

文本知识。

- 运用文本结构的知识。

- 运用文章衔接的知识。

通过听力、阅读和浏览的方式理解文章。

- 浏览、阅读和查看所学文章。

- 听出并对所学文章做出回应。

- 理解文章。

词汇知识。

- 理解所学词汇。

通过口语、书面以及创新的方式构成文章。

- 通过口语、写作、视觉和多模式学习的方式构成文章。

- 撰写文章。

2）富有批判性和创新性的想法：

询问—识别、探索和组织信息和想法。

- 提出疑问。

- 识别并阐明信息和想法。

提出想法、可能性和行动。

- 寻求解决方法并付诸行动。

3）个人和社会能力：

社会管理。

- 有效沟通。

4）计算能力：

解释统计信息。

- 解释偶然事件。

（2）利用感官去探索当地的环境来提出有趣的问题，做出推论和预测。

1）读写能力：

语法知识。

- 运用词汇和词组的知识。

- 运用句子结构的知识。

文本知识。

- 运用文章衔接的知识。

- 运用文章结构的知识。

通过口语、书面以及全新的方式构成文章。

- 通过口语、写作、视觉和多模式学习的方式构成文章。

词汇知识。

- 理解所学词汇。

2）富有批判性和创新性的想法：

提出想法、可能性和行动。

- 考虑选择。

寻求解决方法并付诸行动。

- 询问—识别、探索和组织信息和想法。

提出问题。

- 识别并阐明信息和想法。

（3）思考"如果……会发生什么？"这样的关于日常物体和事件的问题。

1）富有批判性和创新性的想法：

提出想法、可能性和行动。

- 考虑选择。

2）读写能力：

通过口语、书面以及创新的方式构成文章。

- 通过口语、写作、视觉和多模式学习的方式构成文章。

词汇知识。

- 理解所学词汇。

6.3.3.2 计划和执行

(1) 参与指导调查，探索和回答问题。

1) 富有批判性和创新性的想法：

询问—识别、探索和组织信息和想法。

- 识别并阐明信息和想法。

2) 读写能力：

通过听力、阅读和浏览的方式理解文章。

- 听出并对所学文章做出回应。

- 浏览、阅读和查看学习区域的文章。

- 理解文章。

- 解释和分析所学文章。

语法知识。

- 运用词汇和词组的知识。

- 运用句子结构的知识。

文本知识。

- 使用文本衔接知识。

- 使用文章结构的知识。

通过口语、书面以及创新的方式构成文章。

- 运用语言与他人交流。

- 通过口语、写作、视觉和多模式学习的方式构成文章。

- 构成文章。

词汇知识。

• 理解所学词汇。

3）个人和社会能力：

社会管理。

• 团队协作。

（2）操纵物体和材料并观察结果。

1）读写能力：

通过口语、书面以及创新的方式构成文章。

• 运用语言与他人交流。

• 通过口语、写作、视觉和多模式学习的方式构成文章。

文本知识。

• 运用文章衔接的知识。

• 运用文章结构的知识。

词汇知识。

• 理解所学词汇。

2）富有批判性和创新性的想法：

询问—识别、探索和组织信息和想法。

• 识别并阐明信息和想法。

（3）研究使用简单的信息源。

1）富有批判性和创新性的想法：

询问—识别、探索和组织信息和想法。

• 组织和处理信息。

• 识别并阐明信息和想法。

2）读写能力：

通过听、读、浏览的方式来理解文章。

- 浏览、阅读和查看所学文章。

- 解释并分析所学文章。

词汇知识。

- 理解所学词汇。

（4）根据容易识别的特征对对象和事件进行排序。

1）富有批判性和创新性的想法：

询问—识别、探索和组织信息和想法。

- 组织和处理信息。

- 识别并阐明信息和想法。

2）读写能力：

词汇知识。

- 理解所学词汇。

通过口语、书面和创新的方式构成文章。

- 通过口语、写作、视觉和多模式学习的方式构成文章。

（5）使用非正式的测量方法收集和记录观测数据，并适当地使用数字技术。

1）读写能力：

通过口语、书面和创新的方式构成文章。

- 通过口语、写作，视觉和多模式学习的方式构成文章。

- 撰写文章。

词汇知识。

- 理解所学词汇。

2）富有批判性和创新性的想法：

询问—识别、探索和组织信息和想法。

- 识别并阐明信息和想法。

3）信息和通信技术（ICT）能力：

管理和操作信息通信技术。

- 管理数字数据。

调查通信技术。

- 查找、生成和访问数据和信息。

4）计算能力：

运用计算方法。

- 用公制单位估计和测量。

（6）使用熟悉的家庭和学校的学生，例如杯子（烹饪）、手跨（长度）和步行步距（距离）来制作和比较观察。

1）富有批判性和创新性的想法：

询问——识别、探索和组织信息和想法。

- 识别和阐明信息和想法。

2）计算能力：

运用测量方法。

- 用公制单位估计和测量。

6.3.3.3　处理和分析数据和信息

（1）使用一系列的方法对信息进行排序，包括图纸和提供的表格，通过讨论，比较观察和预测。

1）读写能力：

通过口语、书面以及创新的方式构成文章。

撰写文章。

- 通过口语、写作、视觉和多模式学习的方式构成文章。

可视知识。

- 了解视觉元素是如何创造意义的。

词汇知识。

- 理解所学词汇。

2）计算能力：

解释统计信息。

- 解释显示数据。

3）富有批判性和创新性的想法：

询问—识别、探索和组织信息和想法。

- 组织和处理信息。

（2）在教师指导下构建柱状图和图形图，记录收集到的信息。

1）读写能力：

通过口语、书面和创新的方式撰写文章。

- 通过口语、写作、视觉和多模式学习的方式构成文章。

词汇知识。

- 理解所学词汇。

通过听力、阅读和浏览的方式理解文章。

- 浏览、阅读和查看所学文章。

可视知识。

- 了解视觉元素是如何创造意义的。

2）计算能力：

解释统计信息。

- 解释数据显示。

3）富有批判性和创新性的想法：

询问—识别、探索和组织信息和想法。

组织和处理信息。

（3）比较和讨论，指导，观察是否被期待。

1）读写能力：

通过口语、书面以及创新的方式构成文章。

- 通过口语、写作、视觉和多模式学习的方式构成文章。

- 运用语言与他人交流。

语法知识。

- 运用句子结构的知识。

- 运用词汇和词组的知识。

通过听力、阅读、浏览的方式理解文章。

- 听出并对所学文章做出回应。

- 解释并分析所学文章。

- 浏览、阅读和查看学习区域的文本。

词汇知识。

- 理解所学词汇。

2）个人与社会能力：

社会管理。

- 有效沟通。

3）富有批判性和创新性的想法：

在思想和过程上进行反思。

- 把知识转化成新语境。

（4）在提供的表格或图形组织者中整理信息。

1）读写能力：

词汇知识。

- 理解所学词汇。

通过口语、书面以及创新的方式构成文章。

- 通过口语、写作、视觉和多模式学习的方式构成文章。

可视知识。

- 了解可视元素是如何创造意义的。

通过听力、阅读和浏览的方式理解文章。

- 浏览、阅读和查看学习区域的文本。

2）富有批判性和创新性的想法：

询问—识别、探索和组织信息和想法。

- 组织和处理信息。

3）计算能力：

解释统计信息。

- 解释数据显示。

6.3.3.4 评估

（1）将观察结果与他人进行比较。

1）读写能力：

通过听、读、浏览的方式来理解文本。

- 听出并对所学文章做出回应。

- 理解文章。

- 解释并分析所学文章。

- 浏览、阅读和查看学习区域的文本。

语法知识。

- 运用词汇和词组的知识。

- 运用句子结构的知识。

通过口语、书面以及创新的方式构成文章。

- 撰写文章。

- 通过口语、写作、视觉和多模式学习的方式构成文章。

- 运用语言与他人交流。

词汇知识。

- 理解所学词汇。

2）富有批判性和创新性的想法：

询问—识别、探索和组织信息和想法。

- 组织和处理信息。

（2）与其他同学讨论观察结果的异同。

1）读写能力：

通过口语、书面以及创新的方式构成文章。

- 运用语言与他人交流。

- 通过口语、写作、视觉和多模式学习的方式构成文章。

通过听、读、浏览的方式来理解文本。

- 听出并对所学文章给出回应。

- 解释并分析所学文章。

- 浏览，阅读和查看学习区域的文本。

词汇知识。

- 理解所学词汇。

语法知识。

- 运用词汇和词组的知识。

- 运用句子结构的知识。

2）富有批判性和创新性的想法：

询问—识别、探索和组织信息和想法。

- 识别和阐明信息和想法。

- 组织和处理信息。

3）个人和社会能力：

社会管理。

- 团队协作。

- 有效沟通。

6.3.3.5 交流

（1）以多种方式表现和交流意见和想法。

1）读写能力：

语法知识。

- 运用句子结构的知识。

- 运用词汇和词组的知识。

可视知识。

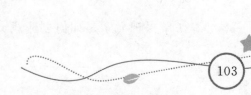

- 了解视觉元素是如何创造意义的。

词汇知识。

- 理解所学词汇。

- 运用拼写知识。

通过口语、写作和创新的方式来写文章。

- 播放演示文稿。

- 通过口语、写作、视觉和多模式学习的方式构成文章。

- 运用语言与他人交流。

- 撰写文章。

文本知识。

- 运用文本结构的知识。

- 运用文章衔接的知识。

(2) 将想法呈现给其他学生，包括一对一和小组的形式。

1) 读写能力：

通过口语、写作和创新的方式来写文章。

- 运用语言与他人交流。

- 通过口语、写作、视觉和多模式学习的方式构成文章。

- 播放演示文稿。

文本知识。

- 运用文章结构的知识。

- 运用文章衔接的知识。

可视知识。

- 了解可视元素是如何创造意义的。

语法知识。

• 运用词汇和词组的知识。

• 运用句子结构的知识。

词汇知识。

• 理解所学词汇。

• 运用拼写知识。

2）富有批判性和创新性的想法：

询问—识别、探索和组织信息和想法。

• 组织和处理信息。

3）个人和社会能力：

社会管理。

• 团队协作。

• 有效沟通。

（3）与他人讨论从调查中发现了什么。

1）读写能力：

通过口语、写作和创新的方式来写文章。

• 运用语言与他人沟通。

• 通过口语、写作、视觉和多模式学习的方式构成文章。

语法知识。

• 运用词汇和词组的知识。

• 运用句子结构的知识。

词汇知识。

• 理解所学词汇。

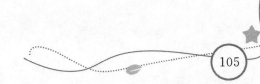

可视知识。

- 了解可视元素是如何创造意义的。

2) 个人和社会能力:

社会管理。

- 有效沟通。

- 团队协作。

6.4 二年级成绩标准

二年级结束时,学生能够描述物体、材料和生物的变化。学生能够识别某些材料和资源有不同的用途,并能举出人们在日常生活中利用科学的例子。

学生能够根据他们的生活经历提出科学问题,并预测调查结果。学生要求能够利用非正式的测量方法进行观察和比较,并且能够以多种方式记录观察结果并且跟同学交流科学观点。

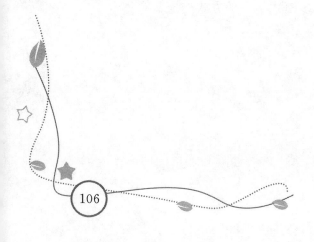

第7章

三 年 级

7.1　三年级科学课程描述

科学探究技能和人类科学史，在两年之内都被描述。在教学计划中，学校和教师要能够达到"成就目标"中概述的期望，并且教师也要关注相关年度科学知识，确保在两年期间能够将这两部分内容得以衔接。科学知识、科学探究技能及人类科学史这三部分课程内容是相互关联的，在教学过程中，它们是以一种融合的方式传授给学生的。教师可以选择以何种方式将科学内容中所描述的规则和细节在课堂中呈现给学生。

7.2　科 学 课 程 重 点

三～六年级，进一步提高学生对不同时间和地理范围内的一系列

系统的理解。

在三年级的科学课学习中，学生将观察热及其对固体和液体的影响，并开始通过学习简单的系统，提高学生对能量循环的理解。在日夜观察的过程中，逐步培养学生对规律和可预测周期的喜爱之情。学生能够运用分组和分类的方法来整理观察的结果；在将事物分类为生物或非生物两类时，他们开始认识到分类标准是不容易确定和适用的。学生开始量化他们的观察，以便进行事物之间的比较，他们学习更复杂的识别和表示关系的方法，包括使用表格和图表来确定事物研究发展的趋势。学生依据自己对简单系统组件之间关系的理解来做出预测。

7.3 三年级科学课程内容描述

7.3.1 科学知识

7.3.1.1 生物科学

生物可以根据可观察到的特征来分类，可以与非生物区分开来。

（1）识别生物的特征，如生长、移动、敏感和繁殖。

1）富有批判性和创新性的想法：

询问—识别、探索和组织信息和想法。

- 识别并阐明信息和想法。

- 组织和处理信息。

（2）认识到不同生物的范围。

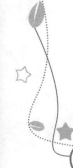

108

1）富有批判性和创新性的想法：

询问—识别、探索和组织信息和想法。

- 识别并阐明信息和想法。

（3）根据特征对生活和非生物进行分类。

1）富有批判性和创新性的想法：

询问—识别、探索和组织信息和想法。

- 识别并阐明信息和想法。

- 组织和处理信息。

2）读写能力：

词汇知识。

- 理解所学词汇。

通过听力、阅读和浏览的方式理解文章。

- 解释和分析所学文章。

- 浏览，阅读和查看所学文章。

通过口语、书面以及创新的方式构成文章。

- 通过口语、写作、视觉和多模式学习的方式构成文章。

（4）探索生物，已灭绝的生物以及生物产物之间的区别。

1）富有批判性和创新性的想法：

询问—识别、探索和组织信息和想法。

- 识别和阐明信息和想法。

7.3.1.2 化学科学

固体和液体之间的状态变化可以通过增加或消除热量引起。

（1）研究液体和固体如何对温度的变化做出反应，例如，水变

冰，或融化巧克力。

1）富有批判性和创新性的想法：

询问—识别、探索和组织信息和想法。

• 识别并阐明信息和想法。

2）计算能力：

运用测量的方式。

• 用公制单位估计和测量。

（2）探索从固体到液体以及液体到固体的变化可以帮助我们懂得如何回收材料。

1）读写能力：

词汇知识。

• 理解所学词汇。

通过听力、阅读和浏览的方式理解文章。

• 解释和分析学习区域文本。

• 浏览、阅读和浏览学习区域文本。

2）富有批判性和创新性的想法：

询问—识别、探索和组织信息和想法。

• 识别并阐明信息和想法。

• 组织和处理信息。

（3）预测热对不同材料的影响。

1）富有批判性和创新性的想法：

询问—识别、探索和组织信息和想法。

• 识别并阐明信息和想法。

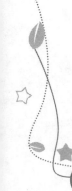

产生想法、可能性和行动。

- 寻求解决方法并付诸行动。

2）读写能力：

词汇知识。

- 理解所学词汇。

通过口语、书面以及创新的方式构成文章。

- 构成口语、写作、视觉和多模式学习领域的文本。

7.3.1.3　地球和空间科学

（1）地球在其轴上的自转会导致规律的变化，包括黑夜和白天。

1）计算能力：

识别并使用模式和关系。

- 识别并使用模式和关系。

（2）认识到太阳可作为光源。

1）富有批判性和创新性的想法：

询问—识别、探索和组织信息和想法。

- 识别并阐明信息和想法。

（3）制作日晷并研究它的工作原理。

1）富有批判性和创新性的想法：

询问—识别、探索和组织信息和想法。

- 识别并阐明信息和想法。

（4）描述地球自转的时间尺度。

1）富有批判性和创新性的想法：

询问—识别、探索和组织信息和想法。

- 识别并阐明信息和想法。

2）读写能力：

通过口语、书面以及创新的方式构成文章。

- 构成口语、写作、视觉和多模式学习领域的文本。

词汇知识。

- 理解所学词汇。

文本知识。

- 运用文章结构的知识。

通过听力、阅读和浏览的方式理解文章。

- 浏览、阅读和浏览学习区域文本。

语法知识。

- 运用句子结构的能力。

3）计算能力：

运用测量的方法。

- 操作时钟，日历和时间表。

（5）模拟太阳、地球和月球的相对大小和运动。

1）计算能力：

运用空间推理。

- 可视 2D 和 3D 物体。

2）富有批判性和创新性的想法：

询问—识别、探索和组织信息和想法。

- 组织和处理信息。

7.3.1.4 物理科学

热量可以通过多种方式产生，并且可以从一个物体移动到另一个物体。

（1）描述热是如何产生的例如通过摩擦或运动，电或化学（燃烧）。

1）富有批判性和创新性的想法：

询问—识别、探索和组织信息和想法。

- 识别并阐明信息和想法。

- 组织和处理信息。

2）读写能力：

词汇知识。

- 理解所学词汇。

语法知识。

- 运用文章结构的知识。

通过听力、阅读和浏览的方式理解文章。

- 浏览、阅读和浏览学习区域文本。

通过口语、书面以及创新的方式构成文章。

- 撰写口头、书面、视觉和多模态的学习区域文本。

文本知识。

- 运用文章结构的知识。

（2）确定在日常生活中由于加热和冷却而发生的变化。

1）读写能力：

文字知识。

- 理解所学词汇。

（3）探索热量如何通过传导传递。

1）富有批判性和创新性的想法：

询问—识别、探索和组织信息和想法。

• 识别并阐明信息和想法。

• 组织和处理信息。

（4）意识到可以感觉到热量并通过温度计测量它的影响。

1）富有批判性和创新性的想法：

询问—识别、探索和组织信息和想法。

• 识别并阐明信息和想法。

2）计算能力：

使用测量的方式。

• 用公制单位估计和测量。

7.3.2　人类科学史

7.3.2.1　科学的本质和发展

（1）科学包括预测和描述模式和关系。

1）计算能力：

识别并使用模式和关系。

• 识别并使用模式和关系。

（2）预测环境中的变化和事件。

1）读写能力：

通过听力、阅读和浏览的方式理解文章。

• 浏览、阅读和查看学习区域的文本。

• 解释和分析学习区域的文本。

文字知识。

- 理解所学词汇。

- 通过口语、书面以及创新的方式构成文章。

- 撰写口语、书面、视觉和多模态的学习区域文本。

2）富有批判性和创新性的想法：

询问—识别、探索和组织信息和想法。

- 识别并阐明信息和想法。

产生想法、可能性和行动。

- 寻求解决方法并付诸行动。

（3）研究天文学的知识如何是被一些土著和托雷斯海峡岛民使用的。

1）读写能力：

词汇知识。

- 理解所学词汇。

- 通过听力、阅读和浏览的方式理解文章。

- 解释和分析学习区域文本。

- 浏览、阅读和查看学习区域的文本。

2）富有批判性和创新性的想法：

询问—识别、探索和组织信息和想法。

- 识别并阐明信息和想法。

- 组织和处理信息。

3）跨文化解读：

认识文化，尊重发展。

- 探索和比较文化知识、信仰和实践。

（4）考虑如何提出问题帮助我们规划未来。

7.3.2.2　科学的应用和影响

（1）科学知识帮助人们理解人类行为的影响。

1）个人和社会能力：

社会意识。

- 建设公民社会。

2）道德解读：

决策和行动的理由。

- 做出理性的决定。

- 在道德行为上进行反思。

理解伦理观念和问题。

- 在文章中了解道德概念。

（2）思考热量是怎么在日常生活中的材料中使用的。

1）富有批判性和创新性的想法：

询问—识别、探索和组织信息和想法。

- 组织和处理信息。

- 识别并阐明信息和想法。

（3）调查科学是如何帮助像护士、医生、牙医、技工和园丁这样的人。

（4）思考固体和液体材料是怎么样以不同的方式影响环境的。

1）富有批判性和创新性的想法：

询问—识别、探索和组织信息和想法。

- 组织和处理信息。

- 识别并阐明信息和想法。

（5）决定什么特性使物质成为污染物。

1）富有批判性和创新性的想法：

询问—识别、探索和组织信息和想法。

- 组织和处理信息。

（6）研究土著和托雷斯海峡岛民对当地自然环境的认识，如植物和动物的特征。

1）跨文化解读：

认识文化、尊重发展。

- 探索和比较文化知识、信仰和实践。

2）读写能力：

词汇知识。

- 理解所学词汇。

- 通过听力、阅读和浏览的方式理解文章。

- 解释和分析所学文章。

浏览、阅读和查看学习区域的文本。

3）富有批判性和创新性的想法：

询问—识别、探索和组织信息和想法。

- 识别并阐明信息和想法。

7.3.3 科学探究技能

7.3.3.1 质疑和预测

（1）通过指导，在熟悉的环境中识别问题，可以科学地调查，并根据先验知识做出预测。

1）读写能力：

通过口语、书面以及创新的方式构成文章。

- 撰写口语、书面、视觉和多模态的学习区域文本。

- 撰写文章。

词汇知识。

- 理解所学词汇。

2）富有批判性和创新性的想法：

询问—识别、探索和组织信息和想法。

- 识别并阐明信息和想法。

- 提出疑问。

产生想法、可能性和行动。

- 寻求解决方法并付诸行动。

（2）从一列可能性中选择问题来进行调查。

1）读写能力：

词汇知识。

- 理解所学词汇。

通过听力、阅读和浏览的方式理解文章。

- 浏览、阅读和浏览学习区域文本。

- 听出并对所学文章做出回应。

2）富有批判性和创新性的想法：

询问—识别、探索和组织信息和想法。

- 识别并阐明信息和想法。

（3）共同构建可能构成调查基础的问题。

1）富有批判性和创新性的想法：

询问—识别、探索和组织信息和想法。

• 提出疑问。

2）读写能力：

语法知识。

• 运用句子结构的知识。

通过口语、书面以及创新的方式构成文章。

• 撰写口语、书面、视觉和多模态的学习区域文本。

• 运用语言与他人交流。

词汇知识。

• 理解所学词汇。

文本知识。

• 运用文章衔接的知识。

• 运用文章结构的知识。

3）个人和社会能力：

社会管理。

• 做出决定。

• 团队协作。

• 有效沟通。

（4）列出作为整个班级的科学共享体验并确定出那些可行的调查。

1）读写能力：

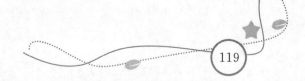

词汇知识。

- 理解所学词汇。

通过听力、阅读和浏览的方式理解文章。

- 听出并对所学文章做出回应。

2）富有批判性和创新性的想法：

询问—识别、探索和组织信息和想法。

- 识别并阐明信息和想法。

3）个人和社会能力：

社会管理。

- 做出决定。

- 团队协作。

- 有效沟通。

（5）分组讨论在调查过程中可能发生的事情。

1）读写能力：

通过口语、书面以及创新的方式构成文章。

- 运用语言与他人交流。

- 撰写口语、书面、视觉和多模态的学习区域文本。

语法知识。

- 运用句子结构的知识。

词汇知识。

- 理解所学词汇。

- 通过听力、阅读和浏览的方式理解文章。

- 听出并对所学文章给出回应。

2）个人和社会能力：

社会管理。

- 团队协作。

- 有效沟通。

3）富有批判性和创新性的想法：

询问—识别、探索和组织信息和想法。

- 识别并阐明信息和想法。

产生想法、可能性和行动。

- 寻求解决方法并付诸行动。

7.3.3.2　计划和执行

（1）通过指导、计划和进行科学调查以找到问题的答案，考虑到安全使用适当的材料和设备。

1）富有批判性和创新性的想法：

分析、综合和评估推理和程序。

- 评估过程和结果。

产生想法、可能性和行动。

- 寻求解决方法并付诸行动。

2）读写能力：

通过口语、书面以及创新的方式构成文章。

- 撰写口语、书面、视觉和多模态的学习区域文本。

- 撰写文章。

词汇知识。

- 理解所学词汇。

（2）与教师指导一起计划调查，以测试简单的因果关系。

1）读写能力：

通过口语、书面以及创新的方式构成文章。

• 口语、写作，视觉和多模式学习领域的文本。

词汇知识。

• 理解所学词汇。

通过听力、阅读和浏览的方式理解文章。

• 听出并对所学文章做出回应。

2）富有批判性和创新性的想法：

在想法和过程上进行反思。

• 反思过程。

（3）以全班的方式讨论问题并评估哪一种方法是最成功的。

1）富有批判性和创新性的想法：

在思想和过程上进行反思。

• 反思过程。

分析、综合和评估推理和程序。

• 应用逻辑与推理。

2）个人和社会能力：

社会管理。

• 做出决定。

• 团队协作。

• 有效沟通。

3）读写能力：

通过口语、书面和创新的方式构成文章。

- 口语、写作、视觉和多模式学习领域的文本。

- 运用语言与他人交流。

词汇知识。

- 理解所学词汇。

（4）讨论制定设备和研究程序的安全规则。

1）读写能力：

通过口语、书面以及创新的方式构成文章。

- 口语、写作、视觉和多模式学习领域的文本。

词汇知识。

- 理解所学词汇。

2）个人和社会能力：

社会管理。

- 团队协作。

- 做出决定。

- 有效沟通。

（5）考虑公平测试的要素，并适当地使用正式的测量和数字技术，准确地记录和记录观察结果。

1）信息和通信技术（ICT）的能力：

管理和操作 ICT。

- 选择和使用硬件、软件。

- 管理数字数据。

研究 ICT。

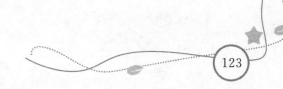

• 定位、生成和访问数据和信息。

2）计算能力：

使用测量。

• 用公制单位估计和测量。

3）个人和社会能力：

自我管理。

• 提高自信、抗压性及适应能力。

• 能够独立操作并主动展示。

（6）使用熟悉的正式单位和适当的缩写进行记录测量，例如秒

（s）、克（g）、厘米（cm）。

1）读写能力：

通过听力、阅读和浏览的方式理解文章。

• 浏览、阅读和浏览学习区域文本。

词汇知识。

• 理解所学词汇。

通过口语、书面以及创新的方式构成文章。

• 口语，写作、视觉和多模式学习领域的文本。

2）计算能力：

运用测量的方式。

• 用公制单位估计和测量。

（7）使用各种工具进行观察，如数码相机、温度计、标尺和刻

度等。

1）计算能力：

运用测量的方式。

- 用公制单位估计和测量。

2）信息和通信技术（ICT）的能力：

管理和操作 ICT。

- 选择和使用硬件和软件。

- 管理数字数据。

7.3.3.3　加工和分析数据信息

（1）使用包括表和简单列图在内的一系列方法来表示数据，并识别模式和数据发展的趋势。

1）富有批判性和创新性的想法：

询问—识别、探索和组织信息和想法。

- 组织和处理信息。

2）读写能力：

可视知识。

- 了解视觉元素的如何创造意义的。

词汇知识。

- 理解所学词汇。

通过口语、书面以及创新的方式构成文章。

- 口语、写作、视觉和多模式学习领域的文本。

- 构成文章。

3）计算能力：

解释统计信息。

- 解释数据显示。

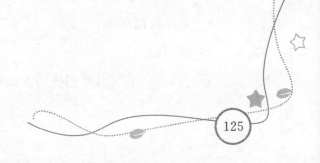

识别并使用模式和关系。

• 识别并使用模式和关系。

（2）使用提供的表格来组织基于可观察属性的材料和对象。

1）计算能力：

解释统计信息。

• 解释数据显示。

2）富有批判性和创新性的想法：

询问—识别、探索和组织信息和想法。

• 组织和处理信息。

3）读写能力：

词汇知识。

• 理解所学词汇。

通过听力、阅读和浏览的方式理解文章。

• 浏览、阅读和浏览学习区域文本。

• 解释和分析所学文章。

通过口语、书面以及创新的方式构成文章。

• 口语、写作、视觉和多模式学习领域的文本。

（3）讨论如何在图表中显示数据。

1）计算能力：

解释统计信息。

• 解释数据显示。

2）读写能力：

通过口语、书面以及创新的方式构成文章。

- 口语、写作、视觉和多模式学习领域的文本。

- 运用语言与他人交流。

语法知识。

- 运用词汇和词组的知识。

- 运用句子结构的知识。

词汇知识。

- 理解所学词汇。

可视知识。

- 理解视觉元素是如果创造意义的。

3）富有批判性和创新性的想法：

询问—识别、探索和组织信息和想法。

- 组织和处理信息。

在思想和过程上进行反思。

- 在过程上反思。

（4）识别和讨论从学生自己的调查和次要来源收集的数据的数字和视觉模式。

1）计算能力：

识别并使用模式和关系。

- 识别并使用模式和数据之间的关系。

解释统计信息。

- 解释数据显示。

2）富有批判性和创新性的想法：

询问—识别、探索和组织信息和想法。

- 识别并阐明信息和想法。

- 组织和处理信息。

3）读写能力：

通过听力、阅读和浏览的方式理解文章。

- 解释和分析所学文章。

- 浏览、阅读和浏览学习区域文本。

- 听出并对所学词汇做出反应。

词汇知识。

- 理解所学词汇。

语法知识。

- 运用句子结构的知识。

- 运用词汇和词组的知识。

通过口语、书面以及创新的方式构成文章。

- 运用语言与他人交流。

- 口语、写作、视觉和多模式学习领域的文本。

可视知识。

- 了解视元素是如何创造意义的。

（5）将结果与预测进行比较，提出可能的原因。

1）富有批判性和创新性的想法：

询问—识别、探索和组织信息和想法。

- 识别并阐明信息和想法。

- 组织和处理信息。

分析、综合和评估推理和程序。

• 评估过程和结果。

2）读写能力：

通过听力、阅读和浏览的方式理解文章。

• 浏览、阅读和浏览学习区域文本。

• 理解文章。

• 解释并分析所学文章。

词汇知识：

• 理解所学词汇。

通过口语、书面以及创新的方式构成文章。

• 口语、写作、视觉和多模式学习领域的文本。

• 撰写文章。

3）计算能力：

解释统计信息。

• 解释偶然事件。

（6）讨论预测结果如何与调查结果相符，并分享对所学知识的看法。

1）读写能力：

语法知识。

• 运用词汇和词组的知识。

• 运用句子结构的知识。

通过口语、书面以及创新的方式构成文章。

• 运用语言与他人交流。

• 口语、写作、视觉和多模式学习领域的文本。

通过听力、阅读和浏览的方式理解文章。

- 解释和分析所学文章。

- 浏览、阅读和浏览学习区域文本。

词汇知识。

- 理解所学词汇。

2）富有批判性和创新性的想法：

在思想和过程上进行反思。

- 在过程上进行反思。

分析、综合和评估推理和程序。

- 评估过程和结果。

7.3.3.4　评估

（1）反思调查，包括测试是否公平。

1）富有批判性和创新性的想法：

在思想和过程上进行反思。

- 思考想法（元认知）。

- 在过程上进行反思。

2）计算能力：

解释统计信息。

- 解释偶然事件。

（2）描述对教师、小组或全班学生进行调查的经历。

1）读写能力：

通过口语、书面以及创新的方式构成文章。

- 发送演示文稿。

- 口语、写作、视觉和多模式学习领域的文本。

- 运用语言与他人交流。

文本知识。

- 运用文章结构的知识。

词汇知识。

- 理解所学词汇。

语法知识。

- 运用句子结构的知识。

2）个人和社会能力：

社会管理。

- 团队协作。

- 有效沟通。

（3）在整个课堂上讨论公平的概念。

1）读写能力：

通过口语、写作和创新的方式写文章。

- 口语、写作、视觉和多模式学习领域的文本。

- 运用语言与他人交流。

语法知识。

- 运用单词和词组的知识。

- 表达想法和观点。

- 运用句子结构的知识。

词汇知识。

- 理解所学词汇。

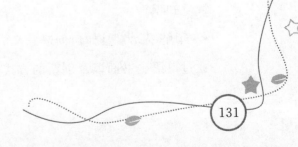

2）个人和社会能力：

社会管理。

- 团队协作。

- 有效沟通。

3）道德解读：

理解伦理观念和问题。

- 在语境中探索伦理概念。

- 认识道德的概念。

7.3.3.5 交流

（1）用正式和非正式的陈述表达和交流意见、想法和发现。

1）读写能力：

文本知识。

- 运用文章结构的知识。

- 运用文章衔接的知识。

语法知识。

- 运用词汇和词组的知识。

- 运用句子结构的知识。

通过听力、阅读、浏览的方式理解文章。

- 理解文章。

- 浏览、阅读和查看学习区域的文本。

视觉知识。

- 了解视元素是如何创造意义的。

通过口语、书面以及创新的方式构成文章。

- 播放演示文稿。

- 撰写口语、书面、视觉和多模态的学习区域文本。

- 运用语言与他人交流。

- 撰写文章。

词汇知识。

- 运用拼写的知识。

- 理解所学词汇。

2）计算能力：

使用空间推理。

- 解释地图和图表。

（2）与其他学生进行交流，进行类似的调查，分享经验，提高调查技能。

1）读写能力：

通过口语、书面以及创新的方式构成文章。

- 撰写口语、书面、视觉和多模态的学习区域文本。

- 运用语言与他人交流。

词汇知识。

- 理解所学词汇。

2）富有批判性和创新性的想法：

在思想和过程上进行反思。

- 思考想法（元认知）。

- 在过程上进行反思。

3）个人和社会能力：

社会管理。

• 有效沟通。

（3）探索通过图表、模型和角色扮演来展示过程和关系的不同方法。

1）读写能力：

可视知识。

• 了解视元素是如何创造意义的。

通过口语、书面以及创新的方式构成文章。

• 撰写口语、书面、视觉和多模态的学习区域文本。

• 运用语言与他人交流。

语法知识。

• 运用句子结构的知识。

词汇知识。

• 理解所学词汇。

文本知识。

• 运用文章结构的知识。

通过听力、阅读、浏览的方式理解文章。

• 解释和分析所学文章。

• 浏览，阅读和查看学习区域的文本。

2）富有批判性和创新性的想法：

询问—识别、探索和组织信息和想法。

• 组织和处理信息。

3）个人和社会能力：

社会管理。

• 团队协作。

（4）使用简单的解释和论点、报告或图形表示将想法传达给其他学生。

1）读写能力：

通过演讲、写作和创作来撰写文章。

• 运用语言与他人交流。

• 发送演示文稿。

• 撰写口语、书面、视觉和多模态的学习区域文本。

语法知识。

• 运用词汇和词组的知识。

• 运用句子结构的知识。

通过听力、阅读和浏览的方式理解文章。

• 浏览、阅读和查看学习区域的文本。

• 解释和分析学习区域的文本。

文本知识。

• 运用文章衔接的知识。

• 运用文章结构的知识。

可视知识。

• 了解视觉元素是如何创造意义的。

词汇知识。

• 理解所学词汇。

• 运用拼写的知识。

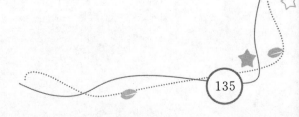

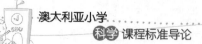

2）计算能力：

解释统计信息。

• 解释数据显示。

7.4 三年级成绩标准

三年级结束时，学生利用他们对地球、材料和热现象的理解，能够对日常观察到的现象进行有效的解释。学生根据可观察到的特征能够对生物进行分组，并将它们与非生物区分开来。学生能够描述如何利用科学调查来回答问题。学生能够利用他们的经验来识别问题，并对科学调查做出预测。学生要遵循收集和记录观察的程序，并能够根据他们数据中的模式提出尽可能正确的原因。学生要能够描述他们使用图表或者其他证据去跟别人交流自己的科学观点时，是如何考虑其安全性和公平性的。

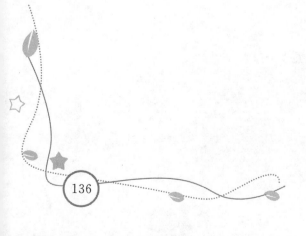

第8章
四 年 级

8.1 四年级科学课程描述

　　科学探究技能和人类科学史，在两年之内都被描述。在教学计划中，学校和教师要能够达到《成就目标》中概述的期望，并且教师也要关注相关年度科学知识，确保在两年期间能够将这两部分内容得以衔接。科学知识、科学探究技能及人类科学史这三部分课程内容是相互关联的，在教学过程中，它们是以一种融合的方式传授给学生的。教师可以选择以何种方式将科学内容中所描述的规则和细节在课堂中呈现给学生。

8.2 科学课程重点

　　三～六年级，进一步提高学生对不同时间和地理范围内的一系列

系统的理解。

在第 4 年，学生通过对自然和加工材料性质的探索，拓宽他们对分类、形式和功能的理解。学生将了解到力包括非接触力，并开始意识到有一些相互作用是由肉眼无法看到的现象造成的。学生开始意识到自然系统，如地球表面现在所具有的一些特征是由于过去的变化而产生的，并且生物也是该系统的一部分。学生们将理解一些自然系统会以可预测的方式发生变化，例如循环。学生将运用自己的知识，根据系统内的相互作用做出预测，包括那些涉及人类行为的预测。

8.3　四年级科学课程内容描述

8.3.1　科学知识

8.3.1.1　生物科学

生物体有生命循环。

（1）通过它们的生命周期来记录和记录对生命的观察。

1）读写能力：

词汇知识。

- 理解所学词汇。

通过口语、笔头和创新的方式构成文章。

- 撰写口语、书面、视觉和多模态的学习区域文本。

2）计算能力：

运用测量的方式。

- 用公制单位估计和测量。

- 操作时钟，日历和时间表。

3）富有批判性和创新性的想法：

询问—识别、探索和组织信息和想法。

识别并阐明信息和想法。

（2）描述不同生物的生命周期，例如昆虫、鸟类、青蛙和开花植物。

1）富有批判性和创新性的想法：

询问—识别、探索和组织信息和想法。

- 识别并阐明信息和想法。

2）读写能力：

词汇知识。

- 理解所学词汇。

语法知识。

- 运用句子结构的知识。

通过听力、阅读和浏览的方式理解文章。

文本知识。

- 运用文章结构的知识。

通过口语、书面和创新的方式撰写文章。

（3）撰写口语、书面、视觉和多模态的学习区域文本。

（4）比较生命圈内的动植物。

1）读写能力：

通过听、读、读来理解文本。

- 浏览、阅读和查看学习区域的文本。

- 解释和分析所学文章。

词汇知识。

- 理解所学词汇。

2）富有批判性和创新性的想法：

询问—识别、探索和组织信息和想法。

- 组织和处理信息。

（5）认识到环境因素会影响生命周期，如火和种子发芽。

（6）生物相互依存，依赖环境得以生存。

（7）研究植物如何为动物提供庇护。

1）富有批判性和创新性的想法：

询问—识别、探索和组织信息和想法。

- 识别并阐明信息和想法。

- 组织和处理信息。

2）读写能力：

词汇知识。

- 理解所学词汇。

通过听力、阅读和浏览的方式理解文章。

- 浏览、阅读和查看学习区域的文本。

- 解释和分析学习区域的文本。

（8）调查生境中生物的角色，例如生产者、消费者或分解者。

1）读写能力：

词汇知识。

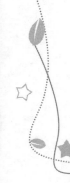

- 理解所学词汇。

通过听力、阅读和浏览的方式理解文章。

- 浏览、阅读和查看学习区域的文本。

- 解释并分析所学文章。

2）富有批判性和创新性的想法：

询问—识别、探索和组织信息和想法。

- 识别并阐明信息和想法。

- 组织和处理信息。

（9）观察和描述捕食者—猎物关系。

1）读写能力：

通过听、读、浏览的方式来理解文本。

解释和分析所学文章。

- 浏览、阅读和查看学习区域的文本。

词汇知识。

- 理解所学词汇。

通过演讲、写作和创作来撰写文章。

- 撰写口语、书面、视觉和多模态的学习区域文本。

2）富有批判性和创新性的想法：

询问—识别、探索和组织信息和想法。

- 组织和处理信息。

- 识别并阐明信息和想法。

（10）预测当生物圈中的喂食关系转移或消失时的影响。

1）读写能力：

词汇知识。

- 理解所学词汇。

通过听力、阅读和浏览的方式理解文章。

- 浏览、阅读和观察学习区域文本。

- 解释并分析所学文章。

通过口语、书面和创意的方式写文章。

- 撰写口语、书面、视觉和多模态的学习区域文本。

2）富有批判性和创新性的想法：

询问—识别、探索和组织信息和想法。

- 识别并阐明信息和想法。

产生想法、可能性和行动。

- 寻求解决方式并付诸行动。

(11) 认识到生物之间的相互作用可能具有竞争性或互惠性。

1）富有批判性和创新性的想法：

询问—识别、探索和组织信息和想法。

- 识别并阐明信息和想法。

- 组织和处理信息。

8.3.1.2　化学科学

天然和经过加工的材料有一系列的物理属性可以影响它们的用途。

(1) 描述一种常见的材料，如金属或塑料，以及它们的用途。

1）读写能力：

通过口头、写作和创意的方式写文章。

- 口语、写作、视觉和多模式学习领域的文本。

词汇知识。

- 理解所学词汇。

文章知识。

- 运用文章结构的知识。

语法知识。

- 运用句子结构的知识。

2) 富有批判性和创新性的想法：

询问—识别、探索和组织信息和想法。

- 识别并阐明信息和想法。

(2) 调查一些物质的特定属性。

1) 富有批判性和创新性的想法：

询问—识别、探索和组织信息和想法。

- 组织和处理信息。

- 识别并阐明信息和想法。

(3) 根据它们的属性选择使用的材料。

(4) 思考材料的性质如何影响废物管理和会导致的污染。

1) 富有批判性和创新性的想法：

询问—识别、探索和组织信息和想法。

- 识别并阐明信息和想法。

- 组织和处理信息。

8.3.1.3　地球和空间科学

由于自然过程和人类活动，地球表面随时间而变化。

（1）收集当地地貌、岩石或化石的变化证据。

1）富有批判性和创新性的想法：

询问—识别、探索和组织信息和想法。

* 识别并阐明信息和想法。

（2）探索一个因自然过程而改变的局部地区，如侵蚀的沟壑、沙丘或河岸。

1）富有批判性和创新性的想法：

询问—识别、探索和组织信息和想法。

* 识别并阐明信息和想法。

（3）调查土壤的特性。

1）富有批判性和创新性的想法：

询问—识别、探索和组织信息和想法。

* 识别并阐明信息和想法。

* 组织和处理信息。

（4）思考人类活动的不同会导致地球表面怎样的侵蚀。

1）读写能力：

通过听力、阅读和浏览的方式理解文章。

* 浏览、阅读和观察的方式学习区域文本。

* 解释并分析所学文章。

词汇知识。

* 理解所学词汇。

2）富有批判性和创新性的想法：

询问—识别、探索和组织信息和想法。

- 识别并阐明信息和想法。

- 组织和处理信息。

（5）思考洪水和极端天气等事件对澳大利亚和亚洲地区的影响。

1）富有批判性和创新性的想法：

询问—识别、探索和组织信息和想法。

- 识别并阐明信息和想法。

2）读写能力：

词汇知识。

- 理解所学词汇。

通过听力、阅读和浏览的方式理解文章。

- 解释和分析所学文章。

- 浏览、阅读和观察所学文章。

8.3.1.4　物理科学

（1）力可以通过直接接触或从远处施加于另一个物体上。

1）计算能力：

运用测量的方式。

- 用公制单位估计和测量。

解释统计信息。

- 解释数据显示。

（2）定性地观察速度是如何被一个力的大小影响的。

1）富有批判性和创新性的想法：

询问—识别、探索和组织信息和想法。

- 组织并处理信息。

• 识别并阐明信息和想法。

（3）探索非接触力是如何与接触力相似的在物体推拉另一个物体。

1）富有批判性和创新性的想法：

询问—识别、探索和组织信息和想法。

• 组织并处理信息。

• 识别并阐明信息和想法。

（4）比较和对比摩擦对不同表面的影响，例如轮胎和鞋子在不同的表面上。

1）富有批判性和创新性的想法：

询问—识别、探索和组织信息和想法。

• 组织并处理信息。

• 识别并阐明信息和想法。

（5）通过诸如投掷、投掷、跳跃和滚动等动作来研究物体对物体行为的影响。

1）富有批判性和创新性的想法：

询问—识别、探索和组织信息和想法。

• 组织并处理信息。

• 识别并阐明信息和想法。

（6）探索磁体之间的引力和斥力。

1）富有批判性和创新性的想法：

询问—识别、探索和组织信息和想法。

• 识别并阐明信息和想法。

8.3.2　人类科学史

8.3.2.1　科学的本质和发展

计算能力:

了解并使用模式和关系。

(1) 探索科学家他们搜集证据并解释探究过程的方法。

1) 富有批判性和创新性的想法:

询问—识别、探索和组织信息和想法。

- 组织并处理信息。

- 识别并阐明信息和想法。

2) 读写能力:

词汇知识。

- 理解所学词汇。

通过听力、阅读和浏览的方式理解文章。

- 浏览、阅读和观察学习区域文本。

- 解释并分析所学文章。

(2) 在日常生活中,原住民和托雷斯海峡岛民使用分类、分类和评估等科学方法。

1) 计算能力:

运用测量的方法。

- 用公制单位估计和测量。

2) 读写能力:

词汇知识。

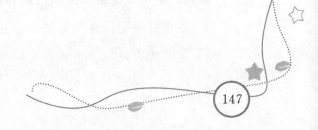

- 理解所学词汇。

通过听力、阅读和浏览的方式理解文章。

- 解释并分析所学文章。

- 浏览、阅读和观察学习区域文本。

3）跨文化解读：

了解文化、尊重发展。

- 探索并比较文化知识，信仰和实践。

8.3.2.2　科学的使用和影响

1）道德理解：

理解伦理概念和问题。

- 探索语境中的伦理概念。

决策和行动的理由。

- 在道德行为上进行反思。

- 理性和道德决策。

2）个人和社会能力：

社会意识。

- 建设公民社会。

（1）调查一些人，例如服装设计师，建筑工人或工程师如何利用科学为他们的工作选择合适的材料。

1）富有批判性和创新性的想法：

询问—识别、探索和组织信息和想法。

- 识别并阐明信息和想法。

2）读写能力：

通过听力、阅读和浏览的方式理解文章。

• 浏览、阅读和观察学习区域文本。

• 解释并分析所学文章。

词汇知识。

• 理解所学词汇。

（2）思考废物管理的方法以及它们如何影响环境。

1）富有批判性和创新性的想法：

询问—识别、探索和组织信息和想法。

• 识别并阐明信息和想法。

• 组织并处理信息。

2）个人和社会能力：

社会意识。

• 建设公民社会。

（3）探索科学是如何促成了关于一个问题的讨论，例如生物栖息地的丧失或者人类活动如何改变了当地的环境。

1）富有批判性和创新性的想法：

询问—识别、探索和组织信息和想法。

• 识别并阐明信息和想法。

• 组织和处理信息。

2）读写能力：

通过听力、阅读和浏览的方式理解文章。

• 解释并分析所学文章。

• 浏览、阅读、观察所学文章。

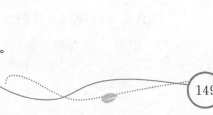

词汇知识。

- 理解所学词汇。

（4）思考如何将人类活动造成的水土流失的影响降到最低。

1）富有批判性和创新性的想法：

询问—识别、探索和组织信息和想法。

- 识别并阐明信息和想法。

- 识别并阐明信息和想法。

2）个人和社会能力：

社会意识。

- 建设公民社会。

8.3.3 科学探究技能

8.3.3.1 质疑和预测

（1）学生在指导下，在熟悉的环境中识别问题可以被科学地研究并根据经验知识做出预测。

1）读写能力：

词汇知识。

- 理解所学词汇。

通过口语、书面和创新的方式写文章。

- 撰写口语、书面、视觉和多模式学习领域的文本。

- 写文章。

2）富有批判性和创新性的想法：

询问—识别、探索和组织信息和想法。

- 提出问题。

识别并阐明信息和想法。

- 产生想法、可能性并付诸行动。

- 寻求解决方法付诸行动。

(2) 思考在熟悉的情况以便考虑可能的调查领域。

1) 富有批判性和创新性的想法：

询问—识别、探索和组织信息和想法。

- 组织和处理信息。

- 识别并阐明信息和想法。

(3) 反思熟悉的研究情况，用老师的指导进行科学预测。

1) 富有批判性和创新性的想法：

产生想法、可能性和行动。

- 寻求解决方法并付诸行动。

询问—识别、探索和组织信息和想法。

- 识别并阐明信息和想法。

在思想和过程上进行反思。

- 把知识在新语境下进行转换。

2) 读写能力：

通过口语、协作和创意的方式写文章。

- 撰写口语、书面、视觉和多模式学习领域的文本。

词汇知识。

- 理解所学词汇。

(4) 从一系列的可能性中选择问题来进行调查。

1）读写能力：

词汇知识。

- 理解所学词汇。

通过听力、阅读和浏览的方式理解文章。

- 听出并回应所学文章。

- 浏览、阅读、观察文章。

2）富有批判性和创新性的想法：

询问—识别、探索和组织信息和想法。

- 识别并阐明信息和想法。

8.3.3.2　计划和执行

（1）在教师的指导下，思考如何安全使用适当的材料和设备，指导、计划和开展科学调查以找到问题的答案。

1）读写能力：

通过口语、书面和创意的方式写文章。

- 写文章。

- 口语、写作、视觉和多模式学习领域的文本。

词汇知识。

- 理解所学词汇。

2）富有批判性和创新性的想法：

产生想法、可能性和行动。

- 寻求解决方法并付诸行动。

分析、综合和评估推理和程序。

- 评估过程和结果。

（2）探索不同的方式进行调查并将这些问题与教师指导的问题联系起来。

1）读写能力：

词汇知识。

• 理解所学词汇。

通过口语、书面和创新的方式写文章。

• 口语、写作、视觉和多模式学习领域的文本。

通过听力、阅读和浏览的方式理解文章。

• 解释并分析所学文章。

• 浏览、阅读和观察学习区域文本。

2）富有批判性和创新性的想法：

在思想和过程上进行反思。

• 思考想法（元认知）。

（3）在小组中工作，在老师指导下，计划调查问题的方法。

1）读写能力：

语法知识。

• 运用句子结构的知识。

通过口语、协作和创意的方式写文章。

• 口语、写作、视觉和多模式学习领域的文本。

• 运用语言与他人交流。

词汇知识。

• 理解所学词汇。

2）个人和社会能力：

社会管理。

- 有效沟通。

- 团队协作。

- 做出决策。

3）富有批判性和创新性的想法：

产生想法、可能性和行动。

- 寻求解决方法并付诸行动。

（4）讨论和记录设备作为一个整体的安全规则。

1）读写能力：

通过口语、书面和创新的方式写文章。

- 口语、写作、视觉和多模式学习领域的文本。

- 运用语言与他人交流。

词汇知识。

- 理解所学词汇。

通过听力、阅读和浏览的方式理解文章。

- 听出并回应所学文章。

语法知识。

- 运用词汇和词组的知识。

- 运用句子结构的知识。

2）个人和社会能力：

社会管理。

- 做出决策。

- 有效沟通。

- 团队协作。

（5）思考公平测试的要素，并适当地使用正式的测量和数字技术，准确地记录和记录观察结果。

1）信息和通信技术（ICT）能力：

研究 ICT。

- 定位、生成和访问数据和信息。

管理和操作 ICT。

- 管理数字数据。

- 硬件和软件的选择和使用。

2）个人和社会能力：

自我管理。

- 变得自信、抗压性强和并有好的适应能力。

- 独立工作并表现主动。

3）计算能力：

运用测量的方法。

- 用公制单位估计和测量。

（6）使用熟悉的正式单位和适当的缩写进行记录和记录，例如秒（s）、克（g）、厘米（cm）和毫升（mL）。

1）富有批判性和创新性的想法：

在思想和过程上进行反思。

- 思考想法（元认知）。

- 将知识转换到新的语境中。

询问—识别、探索和组织信息和想法。

- 识别并阐明信息和想法。

- 组织和处理信息。

2）计算能力：

运用测量的方法。

- 用公制单位估计和测量。

3）读写能力：

通过听力、阅读和浏览的方式理解文章。

- 浏览、阅读和观察学习区域文本。

词汇知识。

- 理解所学词汇。

通过口语、协作和创新的方式写文章。

- 口语、写作、视觉和多模式学习领域的文本。

（7）在规划一个调查的步骤和过程时，认识到一个公平测试的要素并使用它们。

1）富有批判性和创新性的想法：

产生想法、可能性和行为。

- 寻求解决方法并付诸行动。

询问—识别、探索和组织信息和想法。

- 组织和处理信息。

- 识别并阐明信息和想法。

在思想和过程上进行反思。

- 在过程上进行反思。

分析、综合和评估推理和程序。

- 得出结论并设计一种行动方针。

- 应用逻辑与推理。

8.3.3.3 处理和分析数据和信息

（1）使用包括表和简单列图在内的一系列方法来表示数据，并识别模式和趋势。

1）读写能力：

可视知识。

- 了解视觉元素是如何创造意义的。

词汇知识。

- 理解所学词汇。

通过口头、书面和创意的方式写文章。

- 写作，视觉和多模式学习领域的文本。

- 写文章。

2）计算能力：

识别并使用模式和关系。

解释统计信息。

- 解释数据显示。

3）富有批判性和创新性的想法：

询问—识别、探索和组织信息和想法。

- 组织和处理信息。

（2）识别和讨论从学生调查和其他来源收集到的数据的数字和视觉模式。

1）读写能力：

语法知识。

• 运用句子结构的知识。

• 运用词汇和词组的知识。

词汇知识。

• 理解所学词汇。

通过演讲、写作和创作来写作。

• 运用语言与他人交流。

• 口语、写作、视觉和多模式学习领域的文本。

通过听力、阅读和浏览的方式理解文章。

• 浏览、阅读和浏览学习区域文本。

• 听出并对所学文章做出回应。

• 解释并分析所学词汇。

2）计算能力：

解释统计信息。

• 解释数据显示。

识别并使用模式和关系。

• 识别并使用模式和关系。

3）富有批判性和创新性的想法：

询问—识别、探索和组织信息和想法。

• 识别并阐明信息和想法。

• 组织和处理信息。

（3）使用提供的图形组织者来分类和表示信息。

1）读写能力：

词汇知识。

• 理解所学词汇。

可视知识。

• 了解视觉元素是如何创造意义的。

通过听力、阅读和浏览的方式理解文章。

• 浏览、阅读和观察学习区域文本。

• 解释并分析所学文章。

通过口语、书面和创意的方式写文章。

• 口语、写作、视觉和多模式学习领域的文本。

2）富有批判性和创新性的想法：

询问—识别、探索和组织信息和想法。

• 组织和处理信息。

（4）在教师指导下，图形组织者将在整理或组织调查数据时最

有用。

1）富有批判性和创新性的想法：

在思想和研究过程上进行反思。

• 在过程上进行反思。

• 思考想法（元认知）。

2）读写能力：

语法知识。

• 运用句子结构的知识。

• 运用词汇和词组的知识。

通过口头、写作和创意的方式写文章。

- 口语、写作、视觉和多模式学习领域的文本。

- 运用语言与他人交流。

词汇知识。

- 理解所学词汇。

3）计算能力：

解释统计信息。

- 解释数据显示。

（5）将结果与预测进行比较，提出可能的原因。

1）富有批判性和创新性的想法：

询问—识别、探索和组织信息和想法。

- 组织和处理信息。

- 识别并阐明信息和想法。

分析、综合和评估推理和程序。

- 评估过程和结果。

2）读写能力：

词汇知识。

- 理解所学词汇。

通过听力、阅读和浏览的方式理解文章。

- 解释并分析所学文章。

- 浏览、阅读、观察文章。

- 理解文章。

通过口语、书面和创意的方式写文章。

- 写文章。

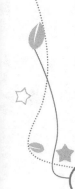

- 口语、写作、视觉和多模式学习领域的文本。

3）计算能力：

解释统计信息。

- 解释偶然事件。

（6）讨论预测结果如何与调查结果相符，并提出研究结果的理由。

1）富有批判性和创新性的想法：

在思想和过程上进行反思。

- 思考想法（元认知）。

分析、综合和评估推理和程序。

- 评估过程和结果。

2）读写能力：

语法知识。

- 运用句子结构的知识。

- 运用词汇和词组的知识。

通过口头、书面和创新的方式写文章。

- 运用语言与他人交流。

- 口语、写作、视觉和多模式学习领域的文本。

词汇知识。

- 理解所学词汇。

（7）在小组中比较，提出了发现的理由并解释原因。

1）读写能力：

通过听力、阅读和浏览的方式理解文章。

- 浏览、阅读和观察学习区域文本。

- 解释并分析所学文章。

语法知识。

- 运用句子结构的知识。

- 运用词汇和词组的知识。

通过口语、书面和创新的方式写文章。

- 口语、写作、视觉和多模式学习领域的文章。

- 运用语言与他人交流。

词汇知识。

- 理解所学词汇。

2）个人和社会能力：

社会管理。

- 团队协作。

3）富有批判性和创新性的想法：

在思想和过程上进行反思。

- 思考想法（元认知）。

分析、综合和评估推理和程序。

- 评估过程和结果。

8.3.3.4　评估

（1）反思调查，包括测试是否公平。

1）计算能力：

解释统计信息。

- 解释偶然事件。

2）富有批判性和创新性的想法：

在思想和过程上进行反思。

- 思考想法（元认知）。

- 在过程上进行反思。

（2）反思科学探究，确定哪些事情进展顺利，哪些有困难，哪些工作做得不好，以及调查如何帮助回答这个问题。

1）读写能力：

通过口语、书面和创新的方式写文章。

- 口语、写作、视觉和多模式学习领域的文本。

词汇知识。

- 理解所学词汇。

语法知识。

- 表达观点和观点。

2）富有批判性和创新性的想法：

在思想和过程上进行反思。

- 思考想法（元认知）。

- 反思过程。

（3）讨论调查的哪些方面有助于提高公平性，以及任何不公平的方面。

1）道德解读：

理解伦理概念和问题。

- 探索语境中的伦理概念。

- 了解道德的概念。

2）富有批判性和创新性的想法：

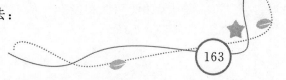

在思想和过程上进行反思。

- 思考想法（元认知）。

- 反思过程。

3）读写能力：

通过口语、书面和创新的方式写文章。

- 运用语言与他人交流。

- 口语、写作、视觉和多模式学习领域的文本。

词汇知识。

- 理解所学词汇。

8.3.3.5 交流

（1）用正式和非正式的陈述来代表和交流观察、想法和发现。

1）读写能力：

通过口头、书面和创新的方式写文章。

- 写文章。

- 发送演示文稿。

- 口语、写作、视觉和多模式学习领域的文本。

- 运用语言与他人交流。

可视知识。

- 了解视元素的如何创造意义的。

词汇知识。

- 理解所学词汇。

- 运用拼写的知识。

文本知识。

- 运用文章结构的知识。

- 运用文章衔接的知识。

语法知识。

- 运用词汇和词组的知识。

- 运用句子结构的知识。

通过听力、阅读和浏览的方式理解文章。

- 浏览、阅读和观察学习区域文本。

- 理解文章。

2）计算能力：

使用空间推理。

- 解释地图和图表。

（2）与其他学生进行交流，进行类似的调查，分享经验，提高调查技巧。

1）读写能力：

语法知识。

- 运用句子结构的知识。

- 运用词汇和词组的知识。

通过口语、写作和创意的方式写文章。

- 运用语言与他人交流。

- 口语、写作、视觉和多模式学习领域的文本。

词汇知识。

- 理解所学词汇。

2）个人和社会能力：

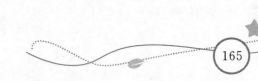

社会管理。

• 有效沟通。

3）富有批判性和创新性的想法：

在思想和过程上进行反思。

• 在过程上进行反思。

• 思考想法（元认知）。

（3）使用简单的解释和论据、报告或图形表示来与其他学生交流想法。

1）计算能力：

解释统计信息。

• 解释数据显示。

2）读写能力：

语法知识。

• 运用词汇和词组的知识。

• 运用句子结构的知识。

通过口语、书面和创意的方式写文章。

• 运用语言与他人交流。

• 口语、写作、视觉和多模式学习领域的文本。

• 发送演示文稿。

词汇知识。

• 运用拼写知识。

• 理解所学词汇。

文本知识。

- 运用文章衔接的知识。
- 运用文章结构的知识。

可视知识。

- 了解视元素是如何创造意义的。

8.4 四年级成绩标准

在四年级结束时，学生们能够运用可观察到的材料的特性去解释生活中的物体和材料是如何利用其特性的。学生能够描述直接接触和非直接接触的力是如何影响物体间的相互作用。学生能够讨论自然变化和人类活动是如何导致地球表面变化的。学生能够描述生物之间的关系，以及动植物生命周期中的关键阶段之间的关系。学生能够了解了什么时候科学被用于解读人类行为的影响。

学生能够按照步骤与计划去识别熟悉环境中能够被调查的问题，并根据先前的知识对问题做出预测。学生可以描述制定调查的方式以及如何安全使用设备以准确地进行观察记录活动。学生可以使用提供的表和列图来组织数据和识别模式。学生能够通过对比分析他们的发现与之前的预测，从而提出建议与解释。学生能够解释测试为什么是公平的或者是不公平的。学生能够用正式和非正式的方式来交流他们的观察和发现。

第 9 章

五 年 级

9.1　五年级科学课程描述

　　科学探究技能和人类科学史，在两年之内都被描述。在教学计划中，学校和教师要能够达到"成就目标"中概述的期望，并且教师也要关注相关年度科学知识，确保在两年期间能够将这两部分内容得以衔接。科学知识、科学探究技能及人类科学史这三部分课程内容是相互关联的，在教学过程中，它们是以一种融合的方式传授给学生的。教师可以选择以何种方式将科学内容中所描述的规则和细节在课堂中呈现给学生。

9.2　科学课程重点

　　三～六年级，进一步提高学生对不同时间和地理范围内的一系列

系统的理解。

在五年级，教师将引导学生通过探索生物的适应性去寻找因果联系，以及探究如何将生物的形式和功能联系起来。学生将探索与光相关的可以观察的现象，并开始认识到这种现象有一系列的特征行为。学生将物质的分类范围扩大到包括气体，并开始观察物质如何构成周围的世界。学生认为地球是太阳系内的一个组成部分，并使用模型来研究天文尺度的系统。学生将开始学习系统的稳定和动态方面的内容，并且试图在构成这个系统的各个组成部分之间寻找相互间的模式和关系。学生能够对所观察到的模式进行解释。

9.3　五年级科学课程内容描述

9.3.1　科学知识

9.3.1.1　生物科学

生物具有结构特征和适应能力帮助它们在环境中生存。

（1）解释特殊的适应性如何帮助生存，例如夜行行为，银灰色的沙丘植物。

1）富有批判性和创新性的想法：

询问—识别、探索和组织信息和想法。

• 识别并阐明信息和想法。

2）读写能力：

语法知识。

• 运用句子结构的知识。

通过口语、协作和创意的方式写文章。

• 口语、写作、视觉和多模式学习领域的文本。

• 运用语言与他人交流。

词汇知识。

• 理解所学词汇。

(2) 描述和列举适合澳大利亚特定环境的生活方式。

1) 读写能力：

词汇知识。

• 理解所学词汇。

语法知识。

• 运用句子结构的知识。

• 运用词汇和词组的知识。

通过听力、阅读和浏览的方式理解文章。

• 浏览、阅读和观察学习区域文本。

文本知识。

• 运用文本衔接的知识。

• 运用文章结构的知识。

通过口语、写作和创意的方式写文章。

• 口语、写作、视觉和多模式学习领域的文本。

2) 富有批判性和创新性的想法：

询问—识别、探索和组织信息和想法。

• 识别并阐明信息和想法。

（3）探索适应特殊环境的一般适应能力，例如在沙漠中帮助保护
水资源。

1）富有批判性和创新性的想法：

询问—识别、探索和组织信息和想法。

- 识别并阐明信息和想法。

- 组织和处理信息。

2）读写能力：

词汇知识。

- 理解所学词汇。

通过听力、阅读和浏览的方式理解文章。

- 解释和分析所学文章。

- 浏览、阅读和观察学习区域文本。

9.3.1.2　化学科学

固体、液体和气体具有不同的可观测性质，并以不同的方式表现。

（1）认识到物质存在于不同的状态取决于温度。

1）计算能力：

运用测量的方式。

- 用公制单位估计和测量。

2）富有批判性和创新性的想法：

询问—识别、探索和组织信息和想法。

- 识别并阐明信息和想法。

- 组织和处理信息。

（2）观察气体有质量并占据空间，用气球或气泡演示。

1）富有批判性和创新性的想法：

询问—识别、探索和组织信息和想法。

- 识别并阐明信息和想法。

- 组织和处理信息。

（3）探索固体、液体和气体在不同的环境下的变化，比如加热和冷却。

1）富有批判性和创新性的想法：

询问—识别、探索和组织信息和想法。

- 组织和处理信息。

- 识别并阐明信息和想法。

（4）认识到并不是所有的物质都可以根据它们的可观测属性轻易分类。

1）富有批判性和创新性的想法：

询问—识别、探索和组织信息和想法。

- 识别并阐明信息和想法。

- 组织和处理信息。

9.3.1.3　地球和空间科学

地球是围绕恒星（太阳）运行的行星系统的一部分。

（1）确定太阳系的行星并比较它们在太阳轨道上运行的时间。

1）读写能力：

通过听力、阅读和浏览的方式理解文章。

- 浏览、阅读、观察所学文章。

- 解释并分析所学文章。

词汇知识。

- 理解所学词汇。

2）富有批判性和创新性的想法：

询问—识别、探索和组织信息和想法。

- 识别并阐明信息和想法。

- 组织和处理信息。

（2）模拟地球和太阳系中其他行星的相对大小和距离，以及与太阳之间的距离。

1）富有批判性和创新性的想法：

询问—识别、探索和组织信息和想法。

- 识别并阐明信息和想法。

- 组织和处理信息。

2）计算能力：

运用测量。

- 用公制单位估计和测量。

（3）认识到太阳作为地球能量提供者的作用。

1）富有批判性和创新性的想法：

询问—识别、探索和组织信息和想法。

- 识别并阐明信息和想法。

9.3.1.4　物理科学

光源形成阴影，可以被吸收、反射和折射。

（1）绘制简单的被标记的射线图来显示光源的路径从源到眼睛。

1）读写能力：

澳大利亚小学
科学课程标准导论

词汇知识。

• 理解所学词汇。

可视知识。

• 理解视元素是如何创造意义的。

通过口语、书面和创意的方式写文章。

• 口语、写作、视觉和多模式学习领域的文本。

2）富有批判性和创新性的想法：

询问—识别、探索和组织信息和想法。

• 识别并阐明信息和想法。

3）计算能力：

使用空间推理。

• 可视化二维图形和 3D 对象。

（2）比较点和光源的阴影，例如：火把和荧光灯。

1）富有批判性和创新性的想法：

询问—识别、探索和组织信息和想法。

• 识别并阐明信息和想法。

• 组织和处理信息。

2）计算能力：

使用空间推理。

• 可视化二维图形和 3D 对象。

（3）基于光的穿透性的强弱，收将材料归类为透明的、不透明的或半透明的。

1）读写能力。

词汇知识。

- 理解所学词汇。

通过口语、书面和创意的方式写文章。

- 口语、写作、视觉和多模式学习领域的文本。

- 写文章。

2）富有批判性和创新性的想法：

询问—识别、探索和组织信息和想法。

- 组织和处理信息。

（4）认识到物体的颜色取决于物体的属性和光源的颜色。

1）富有批判性和创新性的想法：

询问—识别、探索和组织信息和想法。

- 组织和处理信息。

- 识别并阐明信息和想法。

（5）探索利用镜子来展示光的反射。

（6）识别不同透明材料表面的光的折射，例如：当光从空气传播
到水或空气到玻璃的时候。

1）计算能力：

运用空间推理。

- 可视化二维图形和 3D 对象。

9.3.2　人类科学史

9.3.2.1　科学的本质和发展

（1）科学包括通过收集数据和使用证据来对事件和现象进行解

释，并反映历史和文化的贡献来测试预测。

1）计算能力：

解释统计信息。

• 解释数据显示。

（2）通过观察光的作用来了解光的行为。

1）富有批判性和创新性的想法：

询问—识别、探索和组织信息和想法。

• 识别并阐明信息和想法。

（3）通过进行观测实验，对固体、液体和气体的行为进行测试。

1）富有批判性和创新性的想法：

询问—识别、探索和组织信息和想法。

• 识别并阐明信息和想法。

（4）研究科学家是怎样通过太空探索有关于太阳系的想法的。

1）信息与通信技术（ICT）能力：

使用ICT进行交流。

• 理解计算机的通信。

2）读写能力：

通过口语、书面和创意的方式写文章。

• 口语、写作、视觉和多模式学习领域的文本。

语法知识。

• 运用词汇和词组的知识。

• 运用句子结构的知识。

文本知识。

- 运用文章衔接的知识。

- 运用文章结构的知识。

词汇知识。

- 理解所学词汇。

通过听力、阅读和浏览的方式理解文章。

- 浏览、阅读和观察学习区域文本。

- 解释并分析所学文章。

3）计算能力：

运用空间推理。

- 解释地图和图表。

4）跨文化解读：

了解文化、尊重发展。

- 探索和比较文化知识、信仰和实践。

5）富有批判性和创新性的想法：

询问—识别、探索和组织信息和想法。

- 识别并阐明信息和想法。

- 组织和处理信息。

（5）描述来自不同文化背景的科学家如何提高了对太阳系的认识，如哥白尼、卡海亚和伽利略。

1）富有批判性和创新性的想法：

询问—识别、探索和组织信息和想法。

- 识别并阐明信息和想法。

• 组织和处理信息。

2）读写能力：

通过口语、书面和创意的方式写文章。

• 口语、写作、视觉和多模式学习领域的文本。

通过听力、阅读和浏览的方式理解文章。

• 浏览、阅读和观察学习区域文本。

语法知识。

• 运用句子结构的知识。

• 运用词汇和词组的知识。

文本知识。

• 运用文章衔接的知识。

• 运用文章结构的知识。

词汇知识。

• 理解所学词汇。

3）跨文化解读：

了解文化，尊重发展。

• 探索和比较文化知识、信仰和实践。

（6）研究在太空探索团队工作中的不同类型的科学家，以及澳大利亚参与太空探索的科学家。

1）富有批判性和创新性的想法：

询问—识别、探索和组织信息和想法。

• 识别并阐明信息和想法。

• 组织和处理信息。

2）读写能力：

词汇知识。

• 理解所学词汇。

通过听力、阅读和浏览的方式理解文章。

• 解释并分析所学文章。

• 浏览、阅读和观察学习区域文本。

（7）了解土著居民和托雷斯海峡岛民是如何利用夜空观测来帮助导航的。

1）读写能力：

通过听力、阅读和浏览的方式理解文章。

• 解释并分析所学文章。

• 浏览、阅读和观察学习区域文本。

词汇知识。

• 理解所学词汇。

2）富有批判性和创新性的想法：

查询—识别、探索和组织信息和想法。

• 组织和处理信息。

• 识别并阐明信息和想法。

3）跨文化解读：

了解文化、尊重发展。

• 探索和比较文化知识、信仰和实践。

4）计算能力：

运用空间推理。

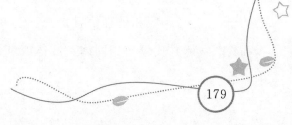

- 解释地图和图表。

9.3.2.2　科学的应用和影响

（1）科学知识用于解决问题，并为个人和社区决策提供信息。

1）道德解读：

理解伦理概念和问题。

- 探索语境中的伦理概念。

决策和行为的推理。

- 在道德行为上进行反思。

- 理性和做出伦理决定。

2）个人和社会能力：

社会管理。

- 决策。

（2）考虑如何最好地确保植物的生长。

1）富有批判性和创新性的想法：

查询—识别、探索和组织信息和想法。

- 组织和处理信息。

- 识别并阐明信息和想法。

（3）考虑如何决定种植特定的植物和作物取决于环境条件。

1）富有批判性和创新性的想法：

查询—识别、探索和组织信息和想法。

- 识别并阐明信息和想法。

- 组织和处理信息。

（4）比较使用固体、液体或气体燃料在家中取暖的好处。

1）读写能力：

通过听力、阅读和浏览的方式理解文章。

- 浏览、阅读和观察学习区域文本。

解释和分析所学词汇。

- 词汇知识。

- 理解所学词汇。

2）富有批判性和创新性的想法：

查询—识别、探索和组织信息和想法。

- 识别并阐明信息和想法。

- 组织和处理信息。

（5）描述使用气体的安全方面。

1）读写能力：

文本知识。

- 运用文章结构的知识。

- 运用文章衔接的知识。

词汇知识。

- 理解所学词汇。

语法知识。

- 运用句子结构的知识。

- 运用词汇和词组的知识。

通过口语、书面和创意的方式写文章。

- 口语、写作、视觉和多模式学习领域的文本。

2）富有批判性和创新性的想法：

查询—识别、探索和组织信息和想法。

· 识别并阐明信息和想法。

（6）研究那些有用的产品是如何在塑料和合成纤维等材料的发展中生产出来的。

1）富有批判性和创新性的想法：

查询—识别、探索和组织信息和想法。

· 识别并阐明信息和想法。

· 组织和处理信息。

2）读写能力：

词汇知识。

· 理解所学词汇。

通过听力、阅读和浏览的方式理解文章。

· 浏览、阅读和观察学习区域文本。

· 解释和分析所学文章。

（7）描述技术是如何促进太空探索，并改变了人们的生活、工作和交流方式的。

1）读写能力：

通过听力、阅读和浏览的方式理解文章。

· 浏览、阅读和观察学习区域文本。

语法知识。

· 运用句子结构的知识。

· 运用词汇和词组的知识。

文本知识。

- 运用文章衔接的知识。

- 运用文章结构的知识。

词汇知识。

- 理解所学词汇。

通过口语、写作、创意的方式写文章。

- 口语、写作、视觉和多模式学习领域的文本。

2）信息与通信技术（ICT）能力：

运用 ICT 进行交流。

- 理解计算机的通信。

3）富有批判性和创新性的想法：

查询—识别、探索和组织信息和想法。

- 识别并阐明信息和想法。

- 组织和处理信息。

（8）探索反射、吸收或折射光的部件和装置，如镜子、太阳镜和棱镜。

1）富有批判性和创新性的想法：

查询—识别、探索和组织信息和想法。

- 组织和处理信息。

- 识别并阐明信息和想法。

2）读写能力：

词汇知识。

- 理解所学词汇。

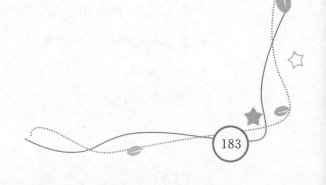

9.3.3 科学探究技能

9.3.3.1 质疑和预测

（1）通过指导，提出明确的问题并对科学调查做出预测。

1）读写能力：

通过口头、书面和创意的方式写文章。

- 写文章。

- 口头、写作、视觉和多模式学习领域的文本。

词汇知识。

- 理解所学词汇。

2）富有批判性和创新性的想法：

查询—识别、探索和组织信息和想法。

- 提出疑问。

- 识别并阐明信息和想法。

产生想法，可能性和行动。

- 寻求解决方法并付诸行动。

（2）探究问题或现象的问题的范围和指导，找出那些可以被调查的问题。

1）富有批判性和创新性的想法：

查询—识别、探索和组织信息和想法。

- 识别并阐明信息和想法。

- 提出疑问。

2）读写能力：

词汇知识。

• 理解所学词汇。

通过听力、阅读和浏览的方式理解文章。

• 浏览、阅读和观察学习区域文本。

• 解释并分析所学文章。

（3）从过去的类似情况中应用经验来预测在新的情况下会发生什么。

1）富有批判性和创新性的想法：

查询—识别、探索和组织信息和想法。

• 识别并阐明信息和想法。

产生想法，可能性和行动。

• 寻求解决方法并付诸行动。

在思想和过程上进行反思。

• 将知识转换到新语境中。

2）读写能力：

通过口语、写作和创意的方式写文章。

• 口语、写作、视觉和多模式学习领域的文本。

9.3.3.2　计划和执行

（1）确定、计划和应用科学调查的要素，以回答问题，解决使用设备和材料安全并确定潜在风险的问题。

1）富有批判性和创新性的想法：

查询—识别、探索和组织信息和想法。

• 提出疑问。

• 识别并阐明信息和想法。

产生想法，可能性和行动。

• 寻求解决方法并付诸行动。

2）读写能力：

通过口语、书面和创意的方式写文章。

• 口语、写作、视觉和多模式学习领域的文本。

• 写文章。

词汇知识。

• 理解所学词汇。

（2）体验一系列调查问题的方法，包括实验测试、互联网研究、实地观察和探索模拟。

1）读写能力：

通过听力、阅读和浏览的方式理解文章。

• 浏览、阅读和观察学习区域文本。

• 解释并分析所学文章。

词汇知识。

• 理解所学词汇。

2）富有批判性和创新性的想法：

查询—识别、探索和组织信息和想法。

• 识别并阐明信息和想法。

• 组织和处理信息。

（3）解释设备安全流程和设备使用规则。

1）读写能力：

语法知识。

- 运用句子结构的知识。

通过口语、书面和创意的方式写文章。

- 运用语言与他人交流。

- 口语、写作、视觉和多模式学习领域的文章。

词汇知识。

- 理解所学词汇。

（4）讨论某些类型的调查的优点以回答特定类型的问题。

1）读写能力：

通过口头、书面和创意的方式写文章。

- 口语、写作、视觉和多模式学习领域的文本。

- 运用语言与他人交流。

语法知识。

- 运用句子结构的知识。

- 运用词汇和词组的知识。

词汇知识。

- 理解所学词汇。

2）富有批判性和创新性的想法：

查询—识别、探索和组织信息和想法。

- 识别并阐明信息和想法。

- 组织和处理信息。

（5）思考解决问题的不同方法，包括研究、试验和错误、实验测试和创建模型。

1）富有批判性和创新性的想法：

查询—识别、探索和组织信息和想法。

- 组织和处理信息。

- 识别并阐明信息和想法。

2）读写能力：

通过听力、阅读和浏览的方式理解文章。

- 浏览、阅读和观察学习区域文本。

- 解释并分析所学文章。

词汇知识。

- 理解所学词汇。

（6）在公平的测试中确定要更改和测量的变量，并使用适当的数字技术来观察测量和记录数据的准确性。

1）计算能力：

解释统计信息。

- 解释数据显示。

运用测量的方法。

- 用公制单位估计和测量。

2）信息与通信技术（ICT）能力：

管理和操作ICT。

- 选择和使用硬件和软件。

- 管理数字数据。

运用ICT调查。

- 定位、生成和访问数据和信息。

3）读写能力：

词汇知识。

- 理解所学词汇。

通过口语、书面和创意的方式写文章。

- 写文章。

- 口语、写作、视觉和多模式学习领域的文本。

4）富有批判性和创新性的想法：

分析、综合和评估推理和程序。

- 应用逻辑与推理。

（7）小组讨论如何尽可能公平地进行调查。

1）读写能力：

词汇知识。

- 理解所学词汇。

语法知识。

- 运用词汇和词组的知识。

- 运用句子结构的知识。

通过口语、书面和创意的方式写文章。

- 运用语言与他人交流。

- 口语、写作、视觉和多模式学习领域的文本。

2）个人和社会能力：

社会管理。

团队协作。

- 做出决策。

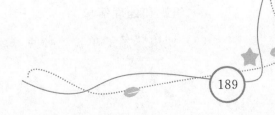

- 有效沟通。

3）富有批判性和创新性的想法：

产生想法，可能性和行动。

- 寻求解决方法并付诸行动。

4）道德的理解：

理解伦理概念和问题。

- 探索语境中的伦理概念。

- 承认道德的概念。

（8）使用工具来精确测量调查和探索的研究对象和事件，哪些工具提供最精确的测量。

1）读写能力：

通过口语、书面和创意的方式写文章。

- 查询—识别、探索和组织信息和想法。

词汇知识。

- 理解所学词汇。

2）计算能力：

运用测量。

- 用公制单位估计和测量。

3）富有批判性和创新性的想法：

查询—识别、探索和组织信息和想法。

- 识别并阐明信息和想法。

- 组织和处理信息。

（9）使用熟悉的单位，如克（g）、秒（s）、米（m），发展使用

标准的乘数，如公里（km）和毫米（mm）。

1）计算能力：

运用测量。

• 用公制单位估计和测量。

（10）在表格和图表中记录数据，或以电子方式记录数字图像和电子表格。

1）读写能力：

词汇知识。

• 理解所学词汇。

可视知识。

• 理解视元素是如何创造意义的。

通过口语、书面和创意的方式写文章。

• 发送演示文稿。

• 口语、写作、视觉和多模式学习领域的文本。

• 运用语言与他人交流。

2）信息与通信技术（ICT）能力：

管理和操作 ICT。

• 选择和使用硬件和软件。

• 管理数字数据。

3）计算能力：

解释统计信息。

• 解释数据显示。

4）富有批判性和创新性的想法：

查询—识别、探索和组织信息和想法。

- 识别并阐明信息和想法。

- 组织和处理信息。

9.3.3.3 处理和分析数据和信息

（1）构建和使用包括表和图表在内的一系列表达方式，以适当的方式表示和描述数据中的观察、模式或关系。

1）读写能力：

通过口头、书面和创意的方式写文章。

- 撰写文章。

- 口语、写作、视觉和多模式学习领域的文本。

语法知识。

- 运用词汇和词组的知识。

- 运用句子结构的知识。

词汇知识。

- 理解所学词汇。

文本知识。

- 运用文章结构的知识。

- 运用文本衔接的知识。

可视知识。

- 了解视元素是如何创造意义的。

2）信息与通信技术（ICT）能力：

创建 ICT。

- 为挑战和学习区域任务生成解决方案。

3）计算能力：

解释统计信息。

• 解释数据显示。

识别并使用模式和关系。

• 识别并使用模式和关系。

4）富有批判性和创新性的想法：

查询—识别、探索和组织信息和想法。

• 组织和处理信息。

（2）构建表格、图表和其他图形的组织者来显示数据的趋势。

1）计算能力：

识别并使用模式和关系。

• 识别并使用模式和关系。

解释统计信息。

• 解释数据显示。

2）读写能力：

通过口语、书面和创意的方式写文章。

• 口语、写作、视觉和多模式学习领域的文本。

词汇知识。

• 理解所学词汇。

可视知识。

• 了解视元素是如何创造意义的。

3）富有批判性和创新性的想法：

查询—识别、探索和组织信息和想法。

- 组织和处理信息。

（3）识别数据中的模式，并开发符合这些模式的解释。

1）读写能力：

词汇知识。

- 理解所学词汇。

通过听力、阅读和浏览的方式理解文章。

- 浏览、阅读和观察学习区域文本。

- 解释和分析所学文章。

语法知识。

- 运用句子结构的知识。

- 运用词汇和词组的知识。

通过口语、书面和创意的方式写文章。

- 口语、写作、视觉和多模式学习领域的文本。

2）富有批判性和创新性的想法：

查询—识别、探索和组织信息和想法。

- 识别并阐明信息和想法。

- 组织和处理信息。

3）计算能力：

解释统计信息。

- 解释数据显示。

识别并使用模式和关系。

- 识别并使用模式和关系。

（4）识别定性数据的相似点和差异，以便对项目或材料进行

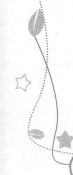

分组。

1）读写能力：

词汇知识。

- 理解所学词汇。

通过听力、阅读和浏览的方式理解文章。

- 解释并分析所学文章。

- 浏览、阅读和观察学习区域文本。

2）富有批判性和创新性的想法：

查询—识别、探索和组织信息和想法。

- 识别并阐明信息和想法。

- 组织和处理信息。

（5）将数据与预测进行比较，并作为证据来进行解释。

1）计算能力：

解释统计信息。

- 解释数据显示。

2）富有批判性和创新性的想法：

查询—识别、探索和组织信息和想法。

- 组织和处理信息。

- 识别并阐明信息和想法。

分析、综合和评估推理和程序。

- 评估过程和结果。

- 应用逻辑与推理。

3）读写能力：

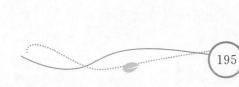

语法知识。

- 运用句子结构的知识。

- 运用词汇和词组的知识。

通过口语，书面和创意的方式写文章。

- 写文章。

- 口语、写作、视觉和多模式学习领域的文本。

通过听力，阅读和浏览的方式理解文章。

- 解读和分析学习区域文本。

- 浏览、阅读和观察学习区域文本。

- 理解文章。

词组知识。

- 理解所学词汇。

9.3.3.4 评估

(1) 反思并建议改进科学研究。

1) 富有批判性和创新性的想法：

分析、综合和评估推理和程序。

- 评估过程和结果。

查询—识别、探索和组织信息和想法。

识别并阐明信息和想法。

产生想法，可能性和行动。

- 考虑备选方案。

(2) 协同工作以确定哪些方法可以改进，包括哪些测试不公平，哪些实践可以改进。

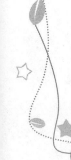

1）读写能力：

通过口语、书面和创意的方式写文章。

- 运用语言与他人交流。

- 写作、视觉和多模式学习领域的文章。

语法知识。

- 表达观点。

- 运用句子结构的知识。

- 运用词汇和词组的知识。

词汇知识。

- 理解所学词汇。

2）富有批判性和创新性的想法：

在思想和过程上进行反思。

- 思考想法（元认知）。

3）道德理解：

理解伦理概念和问题。

- 承认道德的概念。

- 探索语境中的伦理概念。

4）个人和社会能力：

社会管理。

- 团队协作。

9.3.3.5　交流

（1）用不同的方式，包括多模态文本，以多种方式交流思想、解释和过程。

1) 读写能力：

词汇知识。

• 理解所学词汇。

• 运用拼写知识。

通过口语、书面和创意的方式写文章。

• 写文章。

• 运用语言与他人交流。

• 发送演示文稿。

• 写作、视觉和多模式学习领域的文章。

文本知识。

• 运用文章衔接的知识。

• 运用文章结构的知识。

语法知识。

• 运用词汇和词组的知识。

• 运用句子结构的知识。

可视知识。

• 了解视觉元素是如何创造意义的。

2) 信息与通信技术（ICT）能力：

创建 ICT。

• 为挑战和学习区域任务生成解决方案。

（2）讨论模型如何代表科学观点和构建物理模型以展示科学理解的一个方面。

1) 读写能力：

通过口头、书面和创意的方式写文章。

- 写作、视觉和多模式学习领域的文章。

- 运用语言与他人交流。

词汇知识。

- 理解所学词汇。

语法知识。

- 运用词汇和词组的知识。

- 运用句子结构的知识。

2）富有批判性和创新性的想法：

产生想法，可能性和行动。

- 寻求解决方法并付诸行动。

（3）构建多通道文本以传达科学思想。

1）读写能力：

语法知识。

- 运用句子结构的知识。

- 运用词汇和词组的知识。

通过口语、书面和创意的方式写文章。

- 撰写口语、书面、视觉和多模式学习领域的文本。

- 运用语言与他人交流。

词汇知识。

- 理解所学词汇。

可视知识。

- 了解视觉元素创建的意义。

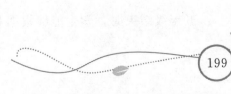

2）信息与通信技术（ICT）能力：

运用 ICT 交流。

- 理解计算机的通信。

- 合作、分享和交流。

创建 ICT。

- 为挑战和学习区域任务生成解决方案。

（4）使用带标签的图表，包括横断面表示，来交流想法。

1）计算能力：

运用空间推理。

- 解释地图和图表。

2）读写能力：

词汇知识。

- 理解所学词汇。

通过口语、书面、创意的方式写文章。

- 撰写口语、书面、视觉和多模式学习领域的文本。

- 发送演示文稿。

- 运用语言与他人交流。

可视知识。

- 了解视觉元素是如何创造意义的。

9.4　五年级成绩标准

五年级结束时，学生能够根据观察到的物质的性质和行为对物质进行分类。学生能够运用科学知识解释日常生活光线传播的现象。学生能够描述太阳系的主要特征。学生能够分析生物的形态如何使它们在适应周围的环境中发挥作用。学生讨论科学发展如何影响人们的生活，帮助人类解决问题，以及科学知识是如何从许多人的贡献中发展出来的。

学生能够按照步骤提出观察问题，并能够预测到在制定调查计划时改变变量会产生的影响。学生能够安全使用设备，并提高观察的准确性。学生可以使用提供的表和列图来组织数据和识别模式。学生能够对比分析数据中的模式与预测结果。学生能够描述提高调查公平性的方法，并使用多模式文本交流他们的想法和发现。

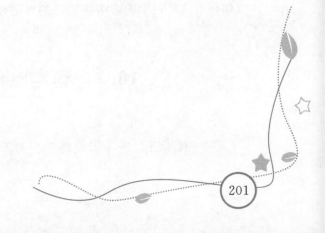

第 10 章

六 年 级

10.1　六年级科学课程描述

　　科学探究技能和人类科学史，在两年之内都被描述。在教学计划中，学校和教师要能够达到"成就目标"中概述的期望，并且教师也要关注相关年度科学知识，确保在两年期间能够将这两部分内容得以衔接。科学知识、科学探究技能及人类科学史这三部分课程内容是相互关联的，在教学过程中，它们是以一种融合的方式传授给学生的。教师可以选择以何种方式将科学内容中所描述的规则和细节在课堂中呈现给学生。

10.2　科学课程重点

　　三～六年级，进一步提高学生对不同时间和地理范围内的一系列

系统的理解。

在六年级，学生将研究如何用不同的方式对研究对象进行分类。学生将学习电能的转移与转化，并继续通过系统的概念来理解能量转化。学生将自己对电路的经验作为一个系统，与另一种不同来源的电力系统结合起来，并开始发现这些系统之间的联系。学生将地球视为一个动态系统，在这个系统中，系统的一个方面的变化会影响到其他方面；同样的，学生发现生物的生长和生存依赖于一个更大的系统中的物质和能量。学生开始明白变量在测量变化中的作用，以及认识到准确度在测量变化中的价值。学生学习如何寻找模式并基于证据来识别和解释事物间存在的一些关系。

10.3　六年级科学课程内容描述

10.3.1　科学知识

10.3.1.1　生物科学

生物的生长和生存受到其环境的物理环境的影响。

（1）研究植物的物理条件变化对它们的生长和生存的影响，例如咸水、肥料和土壤类型。

1）富有批判性和创新性的想法：

查询—识别、探索和组织信息和想法。

• 识别并阐明信息和想法。

• 组织和处理信息。

（2）观察真菌在不同条件下的生长情况，例如酵母和面包霉。

1）富有批判性和创新性的想法：

查询—识别、探索和组织信息和想法。

- 识别并阐明信息和想法。

- 组织和处理信息。

（3）研究生活在极端环境下的生物，例如南极洲或沙漠。

1）读写能力：

词汇知识。

- 理解所学词汇。

通过听力、阅读和浏览的方式理解文字。

- 解释并分析所学文章。

- 浏览、阅读和观察所学文章。

2）富有批判性和创新性的想法：

查询—识别、探索和组织信息和想法。

- 识别并阐明信息和想法。

（4）思考造成动物迁移和冬眠的物理条件。

1）富有批判性和创新性的想法：

查询—识别、探索和组织信息和想法。

- 识别并阐明信息和想法。

- 组织和处理信息。

2）读写能力：

通过听力、阅读和浏览的方式理解文章。

- 解释并分析所学文章。

* 浏览、阅读和查看学习区域的文本。

词汇知识。

* 理解所学词汇。

10. 3. 1. 2　化学科学

材料的变化可以是可逆的，也可以是不可逆的。

（1）描述物质混合在一起时的状态。

1）读写能力：

语法知识。

* 运用词汇和词组的知识。

* 运用句子结构的知识。

文本知识。

* 运用文章衔接的知识。

* 运用文章结构的知识。

词汇知识。

* 理解所学词汇。

通过口语、书面和创意的方式写文章。

* 撰写口语、书面、视觉和多模态的学习区域文章。

2）富有批判性和创新性的想法：

询问—识别、探索和组织信息和想法。

* 识别并阐明信息和想法。

（2）研究普通材料在水中的溶解度。

1）富有批判性和创新性的想法：

查询—识别、探索和组织信息和想法。

• 识别并阐明信息和想法。

（3）研究一种熟悉的物质加热和冷却引起的状态变化。

1）富有批判性和创新性的想法：

查询—识别、探索和组织信息和想法。

• 识别并阐明信息和想法。

（4）调查不可逆的变化，例如生锈，燃烧和烹饪。

1）富有批判性和创新性的想法：

查询—识别、探索和组织信息和想法。

• 识别并阐明信息和想法。

（5）探索如何利用可逆的变化来回收材料。

1）读写能力：

通过听力、阅读、浏览的方式理解文章。

• 浏览、阅读和查看学习区域的文本。

• 解释并分析所学文章。

词汇知识。

• 理解所学词汇。

2）富有批判性和创新性的想法：

查询—识别、探索和组织信息和想法。

• 识别并阐明信息和想法。

• 组织和处理信息。

（6）研究可逆反应，例如熔化、冻结和蒸发。

1）富有批判性和创新性的想法：

查询—识别、探索和组织信息和想法。

- 提出问题。

- 组织和处理信息。

- 识别并阐明信息和想法。

10.3.1.3 地球和空间科学

突然的地质变化和极端天气事件会影响地球表面。

（1）调查澳大利亚、亚洲地区及世界各地的地震、火山爆发和海啸等重大地质事件。

1）读写能力：

通过听力、阅读、浏览的方式理解文章。

- 解释并分析所学文章。

- 浏览、阅读和查看学习区域的文本。

词汇知识。

- 理解所学词汇。

2）富有批判性和创新性的想法：

查询—识别、探索和组织信息和想法。

- 组织和处理信息。

- 识别并阐明信息和想法。

（2）认识到地震会引发海啸。

（3）描述人类如何测量重大地质事件。

1）读写能力：

文字知识。

- 运用文章结构的知识。

- 运用文章衔接的知识。

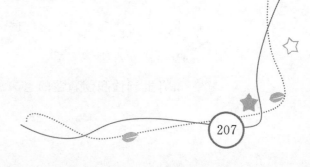

语法知识。

- 运用词汇和词组的知识。

- 运用句子结构的知识。

通过口语、书面和创意的方式写文章。

- 撰写口语、书面、视觉和多模态的学习区域文本。

词汇知识。

- 理解所学词汇。

2）富有批判性和创新性的想法：

询问—识别、探索和组织信息和想法。

- 组织和处理信息。

- 识别并阐明信息和想法。

3）计算能力：

运用测量的方法。

- 用公制单位估计和测量。

（4）探索科学理解有助于自然灾害管理的方法，以尽量减少长期和短期的影响。

1）读写能力：

词汇知识。

- 理解所学词汇。

通过听、读、观察来理解文本。

- 浏览、阅读和查看学习区域的文本。

- 解释并分析所学文章。

2）富有批判性和创新性的想法：

查询—识别、探索和组织信息和想法。

- 组织处理信息。

- 识别并阐明信息和想法。

（5）考虑干旱对环境的生活和非生活方面的影响。

1）读写能力：

通过听、读、浏览理解文章。

- 浏览、阅读和查看学习区域的文本。

- 解释并分析所学文章。

词汇知识。

- 理解所学单词。

2）富有批判性和创新性的想法：

查询—识别、探索和组织信息和想法。

- 组织和处理信息。

- 识别并阐明信息和想法。

10.3.1.4 物理科学

电能可以在电路中传输和转换，并且可以从一系列的源中产生。

（1）认识需要一个完整的电路来允许电流的流动。

1）道德理解：

决策和行动的推理。

- 理性和做出伦理决定。

- 考虑后果。

（2）研究不同的电导体和绝缘体。

1）富有批判性和创新性的想法：

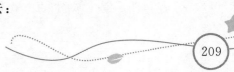

查询—识别、探索和组织信息和想法。

• 识别并阐明信息和想法。

• 组织和处理信息。

（3）探索开关和灯泡等电气设备的特性。

1）富有批判性和创新性的想法：

查询—识别、探索和组织信息和想法。

• 识别并阐明信息和想法。

（4）研究移动的空气和水如何能使涡轮发电。

1）富有批判性和创新性的想法：

查询—识别、探索和组织信息和想法。

• 识别并阐明信息和想法。

• 组织和处理信息。

2）读写能力：

通过听、读、浏览的方式理解文章。

• 解释并分析所学文章。

• 浏览、阅读和查看学习区域的文本。

词汇知识。

• 理解所学词汇。

（5）调查太阳能电池板的使用情况。

1）读写能力：

词汇知识。

• 理解所学词汇。

• 通过听、读、浏览的方式理解文章。

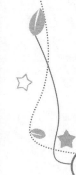

- 浏览、阅读和查看学习区域的文本。

- 解释并分析所学文章。

2）富有批判性和创新性的想法：

询问—识别、探索和组织信息和想法。

- 识别并阐明信息和想法。

（6）考虑能源的可持续发展。

1）读写能力：

词汇知识。

- 理解所学词汇。

通过听力、阅读和浏览的方式理解文章。

- 解释并分析所学文章。

- 浏览、阅读和查看学习区域的文本。

2）富有批判性和创新性的想法：

询问—识别、探索和组织信息和想法。

- 组织和处理信息。

- 识别并阐明信息和想法。

10.3.2 人类科学史

10.3.2.1 科学的本质和发展

（1）科学包括通过收集数据和利用证据来发展对事件和现象的解释，并反映历史和文化贡献的预测。

1）计算能力：

解释统计信息。

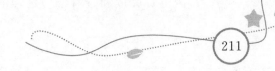

• 解释数据显示。

（2）研究使用地球资源的影响的知识是如何随着时间而改变的。

1）富有批判性和创新性的想法：

询问—识别、探索和组织信息和想法。

• 组织和处理信息。

• 识别并阐明信息和想法。

2）读写能力：

词汇知识。

• 理解所学词汇。

通过听力、阅读和浏览的方式理解文章。

• 解释和分析所学文章。

• 浏览、阅读和查看学习区域的文本。

（3）随着新证据的出现，描述对重大自然事件的原因和影响的理解发生了变化。

1）读写能力：

文本知识。

• 运用文章衔接的知识。

• 运用文章结构的知识。

语法知识。

• 运用词汇和词组的知识。

• 运用句子结构的知识。

通过听、读和浏览的方式理解文章。

• 浏览、阅读和查看学习区域的文本。

通过演讲、写作和创作来撰写文章。

- 撰写口语、书面、视觉和多模态的学习区域文本。

词汇知识。

- 运用拼写的知识。

- 理解所学词汇。

2) 富有批判性和创新性的想法：

询问—识别、探索和组织信息和想法。

- 组织和处理信息。

- 识别并阐明信息和想法。

（4）研究电力的使用，包括预测电路变化的影响。

1) 读写能力：

通过听、读、浏览的方式理解文章。

- 浏览、阅读和查看学习区域的文本。

- 解释和分析学习区域的文本。

词汇知识。

- 理解所学词汇。

2) 富有批判性和创新性的想法：

询问—识别、探索和组织信息和想法。

- 识别并阐明信息和想法。

- 组织和处理信息。

（5）考虑搜集证据如何帮助科学家预测主要地质或气候事件的影响。

1) 信息和通信技术（ICT）能力：

通过 ICT 交流。

- 理解计算机的通信：

2）读写能力：

- 浏览、阅读和查看学习区域的文本。

- 解释并分析所学文章。

文本知识。

- 运用文章结构的知识。

词汇知识。

- 理解所学词汇。

3）富有批判性和创新性的想法：

询问—识别、探索和组织信息和想法。

- 组织和处理信息。

- 识别并阐明信息和想法。

4）跨文化解读：

认识文化，尊重发展。

- 探索和比较文化知识、信仰和实践。

（6）研究来自不同文化的人们如何使用可持续能源，例如水和太阳能。

1）读写能力：

通过听力、阅读和浏览的方式理解文章。

- 解释并分析所学文章。

- 浏览、阅读和查看学习区域的文本。

词汇知识。

- 理解所学词汇。

2）富有批判性和创新性的想法：

询问—识别、探索和组织信息和想法。

- 识别并阐明信息和想法。

- 组织和处理信息。

3）跨文化解读：

认识文化，尊重发展。

- 探索和比较文化知识、信仰和实践。

（7）探索当代澳大利亚科学家对灾难性自然事件进行研究的机构和地点。

1）富有批判性和创新性的想法：

询问—识别、探索和组织信息和想法。

- 组织和处理信息。

- 识别并阐明信息和想法。

2）读写能力：

通过听、读、浏览的方式理解文章。

- 解释并分析所学文章。

- 浏览、阅读和查看学习区域的文本。

词汇知识。

- 理解所学词汇。

（8）了解土著和托雷斯海峡岛民的知识，如澳大利亚植物的药用和营养特性，正被用作科学进步的证据基础的一部分。

1）富有批判性和创新性的想法：

询问—识别、探索和组织信息和想法。

- 组织和处理信息。

- 识别并阐明信息和想法。

2）跨文化解读：

了解文化，尊重发展。

- 探索并对比不用文化知识，信仰并进行实践。

3）读写能力：

通过听、读、浏览的方式理解文章

- 浏览、阅读和查看学习区域的文本。

- 解释并分析所学文章。

词汇知识。

- 理解所学词汇。

（9）研究地震测量的发展，例如：中国在 2 世纪发明的地震仪。

1）富有批判性和创新性的想法：

询问—识别、探索和组织信息和想法。

- 组织和处理信息。

- 识别并阐明信息和想法。

2）读写能力：

词汇知识。

- 理解所学词汇。

通过听力，阅读和浏览的方式理解文章。

- 解释并分析所学文章。

- 浏览、阅读和查看学习区域文本。

文本知识。

- 运用文章结构的知识。

3）跨文化解读：

了解文化，尊重发展。

- 探索和比较文化知识、信仰和实践。

10.3.2.2　科学的使用和影响

(1) 科学知识用于解决问题，并告知个人和社区的决定。

1）个人和社会能力：

社会管理。

- 做出决策。

(2) 考虑个人和社区的选择如何影响对可持续能源的使用。

1）道德理解：

决策和行动的推理。

- 理性和做出伦理决定。

2）富有批判性和创新性的想法：

询问—识别、探索和组织信息和想法。

- 组织和处理信息。

- 识别并阐明信息和想法。

3）个人和社会能力：

社会管理。

- 做出决策。

(3) 研究如何理解灾难性的自然事件有助于规划它们的早期发现，并尽量减少它们的影响。

1）读写能力：

词汇知识。

• 理解所学词汇。

通过听力、阅读和浏览的方式理解文章。

• 浏览、阅读和查看学习区域的文本。

• 解释并分析所学文章。

2）富有批判性和创新性的想法：

询问—识别、探索和组织信息和想法。

• 组织和处理信息。

• 识别并阐明信息和想法。

（4）认识到科学可以让人们了解他们生活的地方，以及他们如何管理自然灾害。

1）富有批判性和创新性的想法：

询问—识别、探索和组织信息和想法。

• 识别并阐明信息和想法。

• 组织和处理信息。

（5）考虑指南如何帮助确保电子设备的安全使用。

1）富有批判性和创新性的想法：

询问—识别、探索和组织信息和想法。

• 组织和处理信息。

• 识别并阐明信息和想法。

（6）讨论电力的使用和能源的节约。

1）道德解读：

决策和行动的推理。

- 考虑后果。

- 理性和做出伦理决定。

理解伦理观念和问题。

- 在语境中探索伦理概念。

2）富有批判性和创新性的想法：

询问—识别、探索和组织信息和想法。

- 识别并阐明信息和想法。

- 组织和处理信息。

3）读写能力：

语法知识。

- 运用词汇和词组的知识。

- 运用句子结构的知识。

词汇知识。

- 理解所学词汇。

通过口语、写作和创意的方式写文章。

- 运用语言与他人交流。

- 撰写口语、书面、视觉和多模态的学习区域文本。

（7）研究全球灾害警报和通信的科学工作，如飓风、地震和海啸警报。

1）读写能力：

通过听力、阅读和浏览的方式理解文章。

- 解释并分析所学文章。

• 浏览、阅读和查看学习区域的文本。

词汇知识。

• 理解所学词汇。

文本知识。

• 运用文章结构的知识。

2）富有批判性和创新性的想法：

询问—识别、探索和组织信息和想法。

• 组织和处理信息。

• 识别并阐明信息和想法。

3）信息和通信技术（ICT）能力：

通过 ICT 交流。

• 理解计算机的通信。

（8）研究电能是如何在澳大利亚和世界各地产生的。

1）读写能力：

文本知识。

• 运用文章结构的知识。

通过听力、阅读和浏览的方式理解文章。

• 浏览、阅读和查看学习区域的文本。

• 解释和分析学习区域的文本。

词汇知识。

• 理解所学词汇。

2）富有批判性和创新性的想法：

询问—识别、探索和组织信息和想法。

- 识别并阐明信息和想法。

- 组织和处理信息。

（9）研究在印度尼西亚使用甲烷生成器。

1）读写能力：

通过听力、阅读和浏览的方式理解文章。

- 浏览、阅读和查看学习区域的文本。

- 解释并分析所学文章。

词汇知识。

- 理解所学词汇。

（10）考虑到电力和电器如何改变了一些人的生活方式。

1）富有批判性和创新性的想法：

询问—识别、探索和组织信息和想法。

- 识别并阐明信息和想法。

2）读写能力：

通过听力、阅读和浏览的方式理解文章。

- 解释并分析所学文章。

- 浏览、阅读和查看学习区域的文本。

词汇知识。

- 理解所学词汇。

10.3.3 科学探究技能

10.3.3.1 问题和预测

（1）通过指导，澄清问题，并预测科学调查。

1）读写能力：

通过口语、书面和创意的方式写文章。

• 撰写口语、书面、视觉和多模态的学习区域文本。

• 写文章。

词汇知识。

• 理解所学词汇。

2）富有批判性和创新性的想法：

询问—识别、探索和组织信息和想法。

• 识别并阐明信息和想法。

• 提出问题。

提出想法、可行方案并采取行动。

• 寻求解决方法并付诸行动。

(2) 提炼问题，科学调查。

1）读写能力：

通过听力、阅读和浏览的方式理解文章。

• 解释并分析所学文章。

• 浏览、阅读和查看学习区域的文本。

语法知识。

• 运用句子结构的知识。

词汇知识。

• 理解所学词汇。

通过口语、书面和创意的方式写文章。

• 撰写口语、书面、视觉和多模态的学习区域文本。

2）富有批判性和创新性的想法：

询问—识别、探索和组织信息和想法。

• 提出问题。

（3）问问题以了解问题的范围或性质。

1）读写能力：

通过演讲、写作和创作来撰写文章。

• 运用语言与他人交流。

• 撰写口语、书面、视觉和多模态的学习区域文章。

语法知识。

• 运用句子结构的知识。

词汇知识。

• 理解所学词汇。

2）富有批判性和创新性的想法：

询问—识别、探索和组织信息和想法。

• 提出问题。

（4）运用先前调查的经验预测新情况下的调查结果。

1）读写能力：

通过口语、写作和创意的方式来创作文本。

• 撰写口语、书面、视觉和多模式学习领域的文本。

词汇知识。

• 理解所学词汇。

2）富有批判性和创新性的想法：

在思想和过程上进行反思。

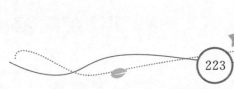

• 把知识转换到新的语境下。

10.3.3.2 计划和执行

（1）确定、计划和应用科学调查的要素，以回答问题并解决使用设备和材料安全并确定潜在风险的问题。

1）富有批判性和创新性的想法：

提出想法、可行性方案并行动。

• 寻求解决方法并付诸行动。

询问—识别、探索和组织信息和想法。

• 提出问题。

• 识别并阐明信息和想法。

2）读写能力：

通过口语、书面和创意的方式写文章。

• 写文章。

• 撰写口语、书面、视觉和多模式学习领域的文本。

词汇知识。

• 理解所学词汇。

（2）按照设计实验或现场调查的程序。

1）富有批判性和创新性的想法：

• 在过程上进行反思。

2）读写能力：

通过听力、阅读和浏览的方式理解文章。

• 听出并对所学文章做出回应。

• 浏览、阅读和查看学习区域文本。

词汇知识。

- 理解所学词汇。

通过口语、书面和创意的方式写文章。

- 撰写口语、书面、视觉和多式学习领域的文本。

（3）讨论与其他学生一起选择的方法，并相应地改进方法。

1）读写能力：

语法知识。

- 运用词汇和词组的知识。

- 运用句子结构的知识。

通过口语、书面和创意的方式写文章。

- 运用语言与他人交流。

- 撰写口语、书面、视觉和多式学习领域的文本。

词汇知识。

- 理解所学词汇。

2）个人和社会能力：

社会管理。

- 有效沟通。

- 做出决策。

- 团队协作。

3）富有批判性和创新性的想法：

在思想和过程上进行反思。

- 反思过程。

（4）考虑哪种调查方法最适合回答特定问题或解决问题。

1）富有批判性和创新性的想法：

询问—识别、探索和组织信息和想法。

- 识别并阐明信息和想法。

（5）在公平的测试中确定要更改和测量的变量，并使用适当的数字技术来观察测量和记录数据的准确性。

1）读写能力：

词汇知识。

- 理解所学词汇。

通过口语、书面和创意的方式写文章。

- 写文章。

- 撰写口语、书面、视觉和多模式学习领域的文本。

2）计算能力：

解释统计信息。

- 解释数据显示。

运用测量的方法。

- 用公制单位估计和测量。

3）信息与通信技术（ICT）能力：

运用 ICT 技术进行研究。

- 定位、生成和访问数据和信息。

管理和操作 ICT。

- 管理数字数据。

- 选择并使用硬件和软件。

4）富有批判性和创新性的想法：

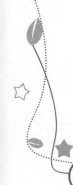

分析、综合和评估推理和过程。

- 应用逻辑与推理。

（6）使用熟悉的单位，如克（g）、秒（s）、米（m）。发展使用标准的乘数，如千米（km）和毫米（mm）。

1）计算能力：

运用测量的方式。

- 用公制单位估计和测量。

（7）使用独立变量的概念（注意：这个术语不需要在这个阶段使用）作为一种正在被研究的东西，通过改变它和测量这种变化的影响。

1）富有批判性和创新性的想法：

分析、综合和评估推理和过程。

- 应用逻辑与推理。

- 得出结论并设计一个行动方针。

提出想法，可行性方案并行动。

- 想象可能性和联系。

询问—识别、探索和组织信息和想法。

- 识别并阐明信息和想法。

2）读写能力：

词汇知识。

- 理解所学词汇。

（8）使用数字技术进行精确测量和记录数据。

1）信息与通信技术（ICT）能力：

管理和操作 ICT。

- 选择使用硬件和软件。

- 管理数字数据。

2）读写能力：

通过听力、阅读和浏览的方式理解文章。

- 浏览、阅读和查看学习区域文本。

通过口语、书面和创意的方式写文章。

- 撰写口语、书面、视觉和多式学习领域的文本。

词汇知识。

- 理解所学词汇。

3）计算能力：

运用测量。

- 用公制单位估计和测量。

10.3.3.3 处理和分析数据和信息

（1）构建和使用包括表和图表在内的一系列表示，以适当的方式表示和描述数据中的观察、模式或关系。

1）读写能力：

语法知识。

- 运用句子结构的知识。

- 运用词汇和词组的知识。

通过口语、书面和创意的方式写文章。

- 写文章。

- 撰写口语、书面、视觉和多模式学习领域的文本。

文本知识。

• 运用文章结构的知识。

• 运用文章衔接的知识。

词汇知识。

• 理解所学词汇。

可视知识。

• 了解视觉元素是如何创造意义的。

2）计算能力：

解释统计信息。

• 解释数据显示。

识别并使用模式和关系。

• 识别并使用模式和关系。

3）富有批判性和创新性的想法：

询问—识别、探索和组织信息和想法。

• 组织和处理信息。

4）信息与通信技术（ICT）能力：

生成 ICT。

• 为挑战和学习区域任务提出解决方案。

（2）探索不同的表示方式可以用来显示关系、过程或趋势的不同方面。

1）读写能力：

词汇知识。

• 理解所学词汇。

通过听力、阅读和浏览的方式理解文章。

• 解释并分析所学文章。

• 浏览、阅读和查看学习区域文本。

可视知识。

• 了解视觉元素是如何创造意义的。

2）富有批判性和创新性的想法：

询问—识别、探索和组织信息和想法。

• 识别并阐明信息和想法。

（3）使用数字技术构造表示，包括动态表示。

1）信息与通信技术（ICT）能力：

管理并操作 ICT。

• 管理数字数据。

• 选择和使用硬件和软件。

生成 ICT。

• 为挑战和学习区域任务提出解决方案。

2）读写能力：

可视知识。

• 了解视觉元素是如何创造意义的。

词汇知识。

• 理解所学词汇。

通过口语、书面和创意的方式写文章。

• 撰写口语、书面、视觉和多模式学习领域的文本。

3）计算能力：

解释统计信息。

• 解释数据显示。

（4）将数据与预测进行比较，并作为证据来进行解释。

1）富有批判性和创新性的想法：

询问—识别、探索和组织信息和想法。

• 识别并阐明信息和想法。

• 组织和处理信息。

分析、综合和评估推理和过程。

• 应用逻辑与推理。

• 评估过程和结果。

2）读写能力：

通过听力、阅读和浏览的方式理解文章。

• 解释并分析所学文章。

• 浏览、阅读和查看学习区域文本。

• 理解文章。

通过口语、写作和创作来撰写文本。

• 撰写文本。

• 撰写口语、书面、视觉和多模式学习领域的文本。

语法知识。

• 运用词汇和词组的知识。

• 运用句子结构的知识。

词汇知识。

• 理解所学词汇。

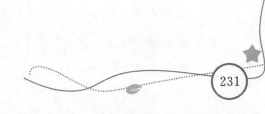

3）计算能力：

解释统计信息。

- 解释数据显示。

（5）分享关于观测结果是否符合预测的观点，以及讨论预测错误的可能原因。

1）富有批判性和创新性的想法：

分析、综合和评估推理和过程。

- 评估过程和结果。

在思想和过程上进行反思。

- 在过程上进行反思。

2）读写能力：

通过口语、书面和创意的方式写文章。

- 撰写口语、书面、视觉和多模式学习领域的文本。

- 运用语言与他人交流。

语法知识。

- 运用词汇和词组的知识。

- 运用句子结构的知识。

词汇知识。

- 理解所学词汇。

3）个人和社会能力：

社会管理。

- 有效沟通。

- 团队协作。

（6）讨论数据和证据之间的区别。

1）读写能力：

词汇知识。

* 理解所学词汇。

通过口语，书面和创意的方式写文章。

* 撰写口语、书面、视觉和多式学习领域的文本。

* 运用语言与他人交流。

语法知识。

* 运用词汇和词组的知识。

* 运用句子结构的知识。

2）富有批判性和创新性的想法：

询问—识别、探索和组织信息和想法。

* 识别并阐明信息和想法。

（7）在解释调查结果时引用证据。

1）读写能力：

通过演讲、写作和创作来创作文本。

* 运用语言与他人交流。

* 撰写口语、书面、视觉和多式学习领域的文本。

语法知识。

* 运用句子结构的知识。

* 运用词汇和词组的知识。

词汇知识。

* 理解所学词汇。

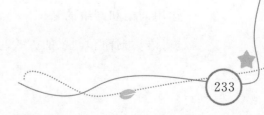

通过听力、阅读和浏览的方式写文章。

- 解释和分析所学文章。

- 浏览、阅读和查看学习区域文本。

2）富有批判性和创新性的想法：

查询—识别、探索和组织信息和想法。

- 识别并阐明信息和想法。

10.3.3.4 评估

（1）在科学研究上进行反思并提出改进的建议。

1）富有批判性和创新性的想法：

分析、综合和评估推理和过程。

- 评估过程和结果。

询问—识别、探索和组织信息和想法。

- 识别并阐明信息和想法。

提出想法，可行性方案并行动。

- 考虑选择。

2）读写能力：

词汇知识。

- 理解所学词汇。

语法知识。

- 运用句子结构的知识。

- 表达意见和观点。

- 运用词汇和词组的知识。

通过口语、书面和创意的方式写文章。

• 写文章。

• 撰写口语、书面、视觉和多式学习领域的文本。

（2）讨论使用的方法的改进，以及这些方法如何提高获得的数据的质量。

1）读写能力：

语法知识。

• 运用句子结构的知识。

• 运用词汇和词组的知识。

通过口语、书面和创意的方式写文章。

• 撰写口语、书面、视觉和多模式学习领域的文本。

• 运用语言与他人交流。

词汇知识。

• 理解所学词汇。

2）个人和社会能力：

社会管理。

• 团队协作。

3）富有批判性和创新性的想法：

在思想和过程上进行反思。

• 在过程上进行反思。

10.3.3.5　交流

（1）用不同的方式，包括多模态文本，以多种方式交流思想、解释和过程。

1）读写能力：

语法知识。

- 运用句子结构的知识。

- 运用词汇和词组的知识。

通过口语、书面和创意的方式写文章。

- 播放演示文稿。

- 写文章。

- 撰写口语、书面、视觉和多模式学习领域的文本。

- 运用语言与他人交流。

词汇知识。

- 运用拼写知识。

- 理解所学词汇。

文本知识。

- 运用文章结构的知识。

- 运用文章衔接的知识。

可视知识。

- 理解视觉元素创建的意义。

2）信息与通信技术（ICT）能力：

生成 ICT。

- 为挑战和学习任务提出解决方案。

（2）讨论传播科学思想的最佳方式以及在规划文本时应该考虑什么。

1）读写能力：

通过口语、书面和创意的方式写文章。

- 撰写口语、书面、视觉和多模式学习领域的文本。

- 运用语言与他人交流。

语法知识。

- 运用词汇和词组的知识。

- 运用句子结构的知识。

词汇知识。

- 理解所学词汇。

2）富有批判性和创新性的想法：

在思想和过程上进行反思。

- 在过程上进行反思。

（3）使用多种方式进行交流，如报告、解释、争论、辩论和程序说明，来传达科学思想。

1）读写能力：

语法知识。

- 运用词汇和词组的知识。

- 运用句子结构的知识。

词汇知识。

- 运用拼写知识。

- 理解所学词汇。

通过口语、书面和创意的方式写文章。

- 播放演示文稿。

- 运用语言与他人进行交流。

- 撰写口语、书面、视觉和多模式学习领域的文本。

可视知识。

· 理解视觉元素是如何创造意义的。

2）信息与通信技术（ICT）能力：

生成 ICT。

· 为挑战和学习任务提出解决方案。

运用 ICT 进行交流。

· 合作、分享和交流。

· 理解计算机的通信。

（4）使用带有代表性的图表，包括代表性的图表，在多模式文本中传达思想和过程。

1）读写能力：

通过口语、书面和创意的方式写文章。

· 撰写口语、书面、视觉和多模式学习领域的文本。

· 运用语言与他人交流。

· 播放演示文稿。

词汇知识。

· 理解所学词汇。

可视知识。

· 理解视觉元素是如何创造意义的。

2）计算能力：

使用空间推理。

· 解释地图和图表。

10.4 六年级成绩标准

六年级结束时，学生将物体可观察到的不同类型的变化进行比较和分类。学生将分析电力传输的需求，并描述在发电时能量如何从一种形式转换到另一种形式。学生能够解释自然现象是如何导致地球表面迅速变化的。学生能够描述和预测环境变化对个体生物的影响。学生能够解释科学知识是如何帮助我们解决问题和制定决策，并能够鉴别科学知识对人类历史与文化所做出的贡献。

学生能够遵循程序提出可调查研究的问题，并能够针对简单的因果关系的问题制定调查计划。在制定调查方法时，学生能够识别变量，并能够描述潜在的安全风险。学生能够收集、整理和解释他们的数据，并且能够鉴别如何改进自己的研究或方法，可以提高数据的精确度。学生可以用恰当的语言描述和分析数据关系，并构建多模态文本来传达思想、方法和发现。

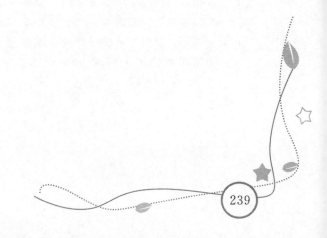

参 考 文 献

[1]　和继军. 国际小学科学课程标准概论 ［M］. 北京：中国水利水电出版社，2017.

[2]　殷梅青. 20 世纪 90 年代以来发达国家小学科学课程改革研究——以美国、英国、澳大利亚、加拿大为例 ［D］. 重庆：重庆师范大学，2014.

[3]　夏雪梅. 澳大利亚国家学业质量标准的设计与反省 ［J］. 全球教育展望，2012 (5)：49 - 54.

[4]　王俊民. 澳大利亚科学素养测评框架探析及启示 ［J］. 外国中小学教育，2019 (3)：47 - 56.

[5]　员春蕊. 澳大利亚联邦政府学前教育质量保障发展研究 (1983—2014) ［D］. 长春：东北师范大学，2015.

[6]　靳文卿. 澳大利亚中小学国际理解教育课程研究 ［D］. 南京：南京师范大学，2018.

[7]　曾天山，王小飞，吴霓. 澳新两国国家教育智库及其服务政府决策研究——澳大利亚、新西兰教育科研考察报告 ［J］. 比较教育研究，2013 (08)：37 - 42，55.

[8]　章婧. 当前发达国家的课程标准的基本特征及启示——以美国、加拿大、澳大利亚的课程标准为例 ［J］. 现代教育科学，2010 (06)：121 - 123.

[9]　罗娟. 国际学前教育机构质量评价标准中的课程质量标准研究——以美国、澳大利亚、新加坡为例 ［D］. 南京：南京师范大学，2016.

[10]　李芬. 国外中小学科学课程标准中的技术教育比较及启示——以美国、澳大利亚、新西兰、加拿大为例 ［D］. 重庆：重庆师范大学，2013.

[11]　胡军. 学生学习成果评价标准不能在课程标准中缺失——澳大利亚科学课程内容与标准给我们的启示 ［J］. 课程教材教法，2005，25 (09)：12 - 17.